中学受験の国語

やさしくわかる

5つの手順ですいすい解ける!

入門

得点力アップ問題集

中学受験専門塾ジーニアス
松本亘正 監修
片岡上裕 著

実務教育出版

はじめに

「次の文章を読んで、後の問いに答えなさい」

　これは、よく目にする問題文ではないでしょうか。そしてその問題文どおり、子どもたちは授業《じゅぎょう》で「解答《かいとう》の根拠《こんきょ》は本文にある」「本文を根拠《こんきょ》にして答える」ということを教わっています。それはもちろん正しいのですが、国語の勉強で困《こま》っている子どもたちは「根拠《こんきょ》の探《さが》し方がわからない」から問題がうまく解《と》けないのです。「本文の◆行目にこういった内容《ないよう》があるね」というような「後出しジャンケン」的な解説《かいせつ》をされるだけでは「得点力《とくてんりょく》」は向上しません。「◆行目に注目しなくてはならないのはなぜか」というところまで踏《ふ》み込《こ》まないと、「今回の文章」は理解《りかい》できても、「次回違《ちが》う文章」になったらまた解《と》けなくなってしまいます。

　そこで、前作の『中学受験の国語　5つの手順ですいすい解《と》ける！　得点力《とくてんりょく》アップ問題集』（実務教育出版《じつむきょういくしゅっぱん》）に続き、今作でも「根拠《こんきょ》の探《さが》し方」を明確《めいかく》に提示《ていじ》しました。問題の読《よ》み解《と》き方《かた》について、限《かぎ》りのある紙面上で全てを網羅《もうら》することは「帯に短し襷《たすき》に長し」となりかねません。したがって、私《わたし》が授業《じゅぎょう》で伝えている「全て」ではなく、「これだけは」というもの――削《けず》って、削《けず》って、それでも残ったもの――を「5つの手順」として記しています。「普遍的《ふへんてき》な解法《かいほう》」として役立つことでしょう。

前作も今作も、手順に沿《そ》って考えていき、「読解《どっかい》問題について思考のフォームを固める」というコンセプトに変わりはありません。前作との大きな違《ちが》いは扱《あつか》う入試問題のレベルです。

前作は海城中《かいじょうちゅう》、吉祥女子中《きちじょうじょしちゅう》、甲陽学院中《こうようがくいんちゅう》、豊島岡女子学園中《としまがおかじょしがくえんちゅう》、灘中《なだちゅう》、ラ・サール中《ちゅう》など最難関《なんかん》校や難関《なんかん》校を中心に入試問題を取り上げました。他方、今作は愛《あい》知淑徳中《ちしゅくとくちゅう》、大妻中野中《おおつまなかのちゅう》、京都女子中《きょうとじょしちゅう》、共立女子中《きょうりつじょしちゅう》、恵《けい》泉女学園中《せんじょがくえんちゅう》、須磨学園夙川中《すまがくえんしゅくがわちゅう》、成城中《せいじょうちゅう》、獨協中《どっきょうちゅう》、日本《にほん》大学豊山中《だいがくぶざんちゅう》、法政大学中《ほうせいだいがくちゅう》などのような、幅広《はばひろ》い学力層《そう》が多く受験すると思われる学校群の入試問題を中心に取り上げました。

前作で取り上げたような学校は当然ながら「出題される本文そのものが難《むずか》しい」ことも多くあります。そんな折、「前作のコンセプトは残したまま、子どもたちにより取り組みやすいものを書いてほしい」という要望をいただきました。それに応《こた》える形で書き上げたものが今作です。したがって、「本文が平易《へいい》になっている分、前作よりも取り組みやすい」ということもありますし、せっかく書くのならばと思い「5つの手順+α《プラスアルファ》」として、設問《せつもん》の形式や選択肢《せんたくし》の処理《しょり》の仕方、記《き》述《じゅつ》の作法など「基本的《きほんてき》なこと」にも都度触《ふ》れていくようにしました。より基礎的《きそてき》な内容《ないよう》から固めていける一冊《さつ》になっています。

この本が皆《みな》さんの「役に立つ」ことを筆者は信じています。

片岡上裕《かたおかたかひろ》

この本の登場人物

片岡《かたおか》先生

バイブルにしている本
- 田村秀行《たむらひでゆき》先生の問題集
- 木村哲也《きむらてつや》先生の問題集

趣味《しゅみ》
- 読書
- 映画鑑賞《えいがかんしょう》
- 音楽鑑賞《かんしょう》
- 格闘技観戦《かくとうぎかんせん》

トレードマークのメガネ
子どもたちの勉強の様子を鋭《するど》く観察している

アツイハート
子どもの可能性《かのうせい》は∞（無限《むげん》）

カオリ

好きな教科
- 算数はキライ
- 国語は好き

趣味《しゅみ》
- 読書

幼《おさな》なじみ

ヒロ

好きな教科
- 国語はキライ
- 算数は好き

趣味《しゅみ》
- サッカー

最近の悩《なや》み（カオリ）
もともと国語は得意《とくい》ではあるが、説明文・論説文《ろんせつぶん》には苦手意識も。改めて基礎《きそ》から学び直そうとしている。

最近の悩《なや》み（ヒロ）
学年が上がり、本文が難《むずか》しくなってから、より「なんとなく」解《と》いてしまうように。選択肢《せんたくし》問題が正解《せいかい》したときの口癖《くちぐせ》は、「当たった！」

本書の使いかた

1

問題を解《と》く際《さい》には、線を引くようにしましょう。「何もチェックできるところがない」というのは、「どこが大事か／意識《いしき》すべきことは何か」がわかっていないということでもあります。どんなところにチェックをつけるかは本書を進めていくうちにわかっていくと思いますので、まずは「自分なり」でよいので「思考のあと」を残す習慣《しゅうかん》をつけましょう。

2

制限《せいげん》時間を設《もう》けて解《と》く必要はありません。本書を手に取っているということは「素早《すばや》く解答《かいとう》できる力」ではなく、「正しい解答《かいとう》を求める力」をトレーニングしたいのではないかと思います。そうであれば時間は気にすることなく、時間がかかってもよいので設問《せつもん》を解《と》いてから解説《かいせつ》を読むようにしましょう。

3

一日に何題も進める必要もありません。よほど急いでいる受験生でない限《かぎ》り、一日に一題で充《じゅう》分《ぶん》です。一日一題でよいので、解《と》き終わったら解説《かいせつ》を熟読《じゅくどく》し、「自分の考えと異《こと》なったところ」や「解説《かいせつ》を読んで学んだところ」に線を引くなどしてどんどん本書を汚《よご》していきましょう。

4

数日後に再度《さいど》、同じ問題に取り組んでみることをお勧《すす》めします。その際《さい》に「解説《かいせつ》で学んだこと」をいかし、誰《だれ》かに授業《じゅぎょう》をするようなイメージで問題を解《と》いてみるとより効果《こうか》的です。言葉に詰《つ》まってしまう箇所《かしょ》が課題点です。詰《つ》まったところは解説《かいせつ》を再度《さいど》読み、理解《りかい》しましょう。それによりさらに「解《と》き方のフォーム」が定まります。

5

普段《ふだん》の問題演習《えんしゅう》でも本書で学んだことを活用してみましょう。習ったことは実践《じっせん》していくことで「活用できる自分の力」になります。

本書の特長

イメージで理解《りかい》

「四コマ漫画《まんが》」と「会話形式」で、
「５つの手順」をわかりやすく解説《かいせつ》

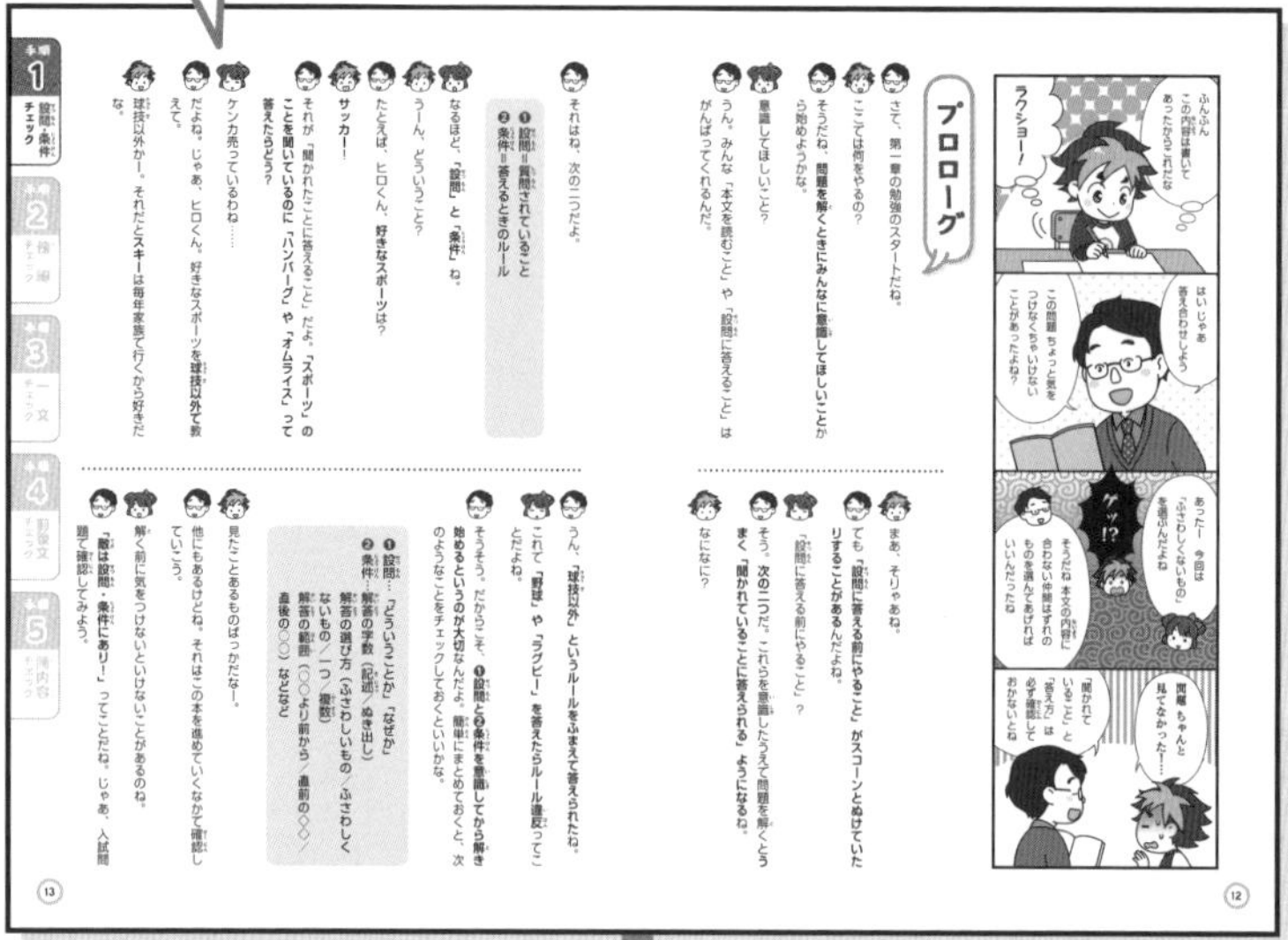

厳選《げんせん》された入試問題*

近年の入試問題の中から、
学習効果《こうか》の高い説明文・
論説文《ろんせつぶん》を選定

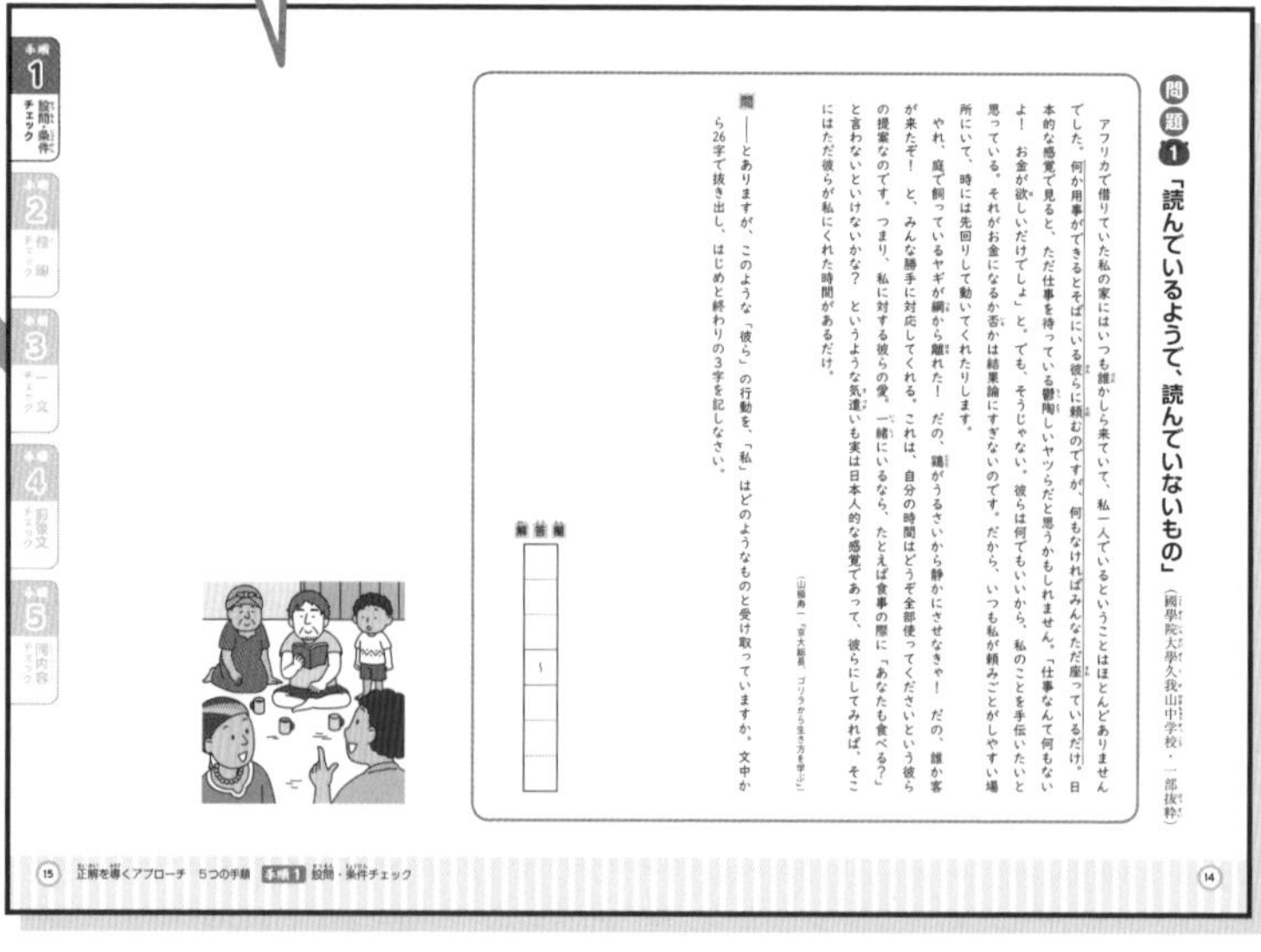

★実際《じっさい》の入試問題と漢字などの表記が一部異《こと》なる場合があります。

図解《ずかい》でスッキリわかる

文字だけでわかりにくいところは
図示《ずし》化でイメージしやすいように

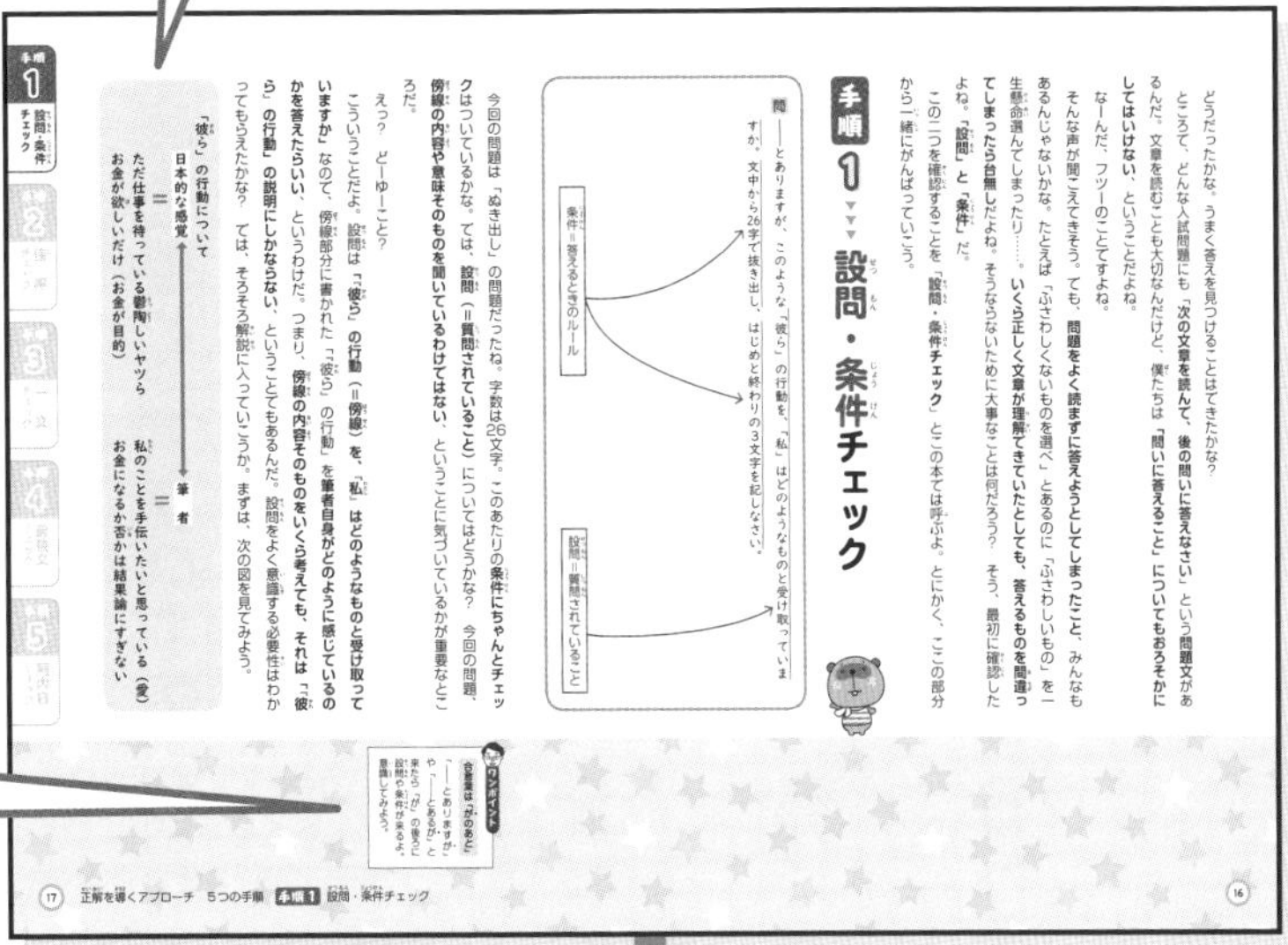

ワンポイントも充実《じゅうじつ》

解説《かいせつ》の中に盛《も》り込《こ》めなかったものは「ワンポイント」としてレクチャー

基本《きほん》もしっかりおさらい

「読解知識《どっかいちしき》」である「ヨミカタ」「トキカタ」で、基礎《きそ》的な内容《ないよう》もカバー

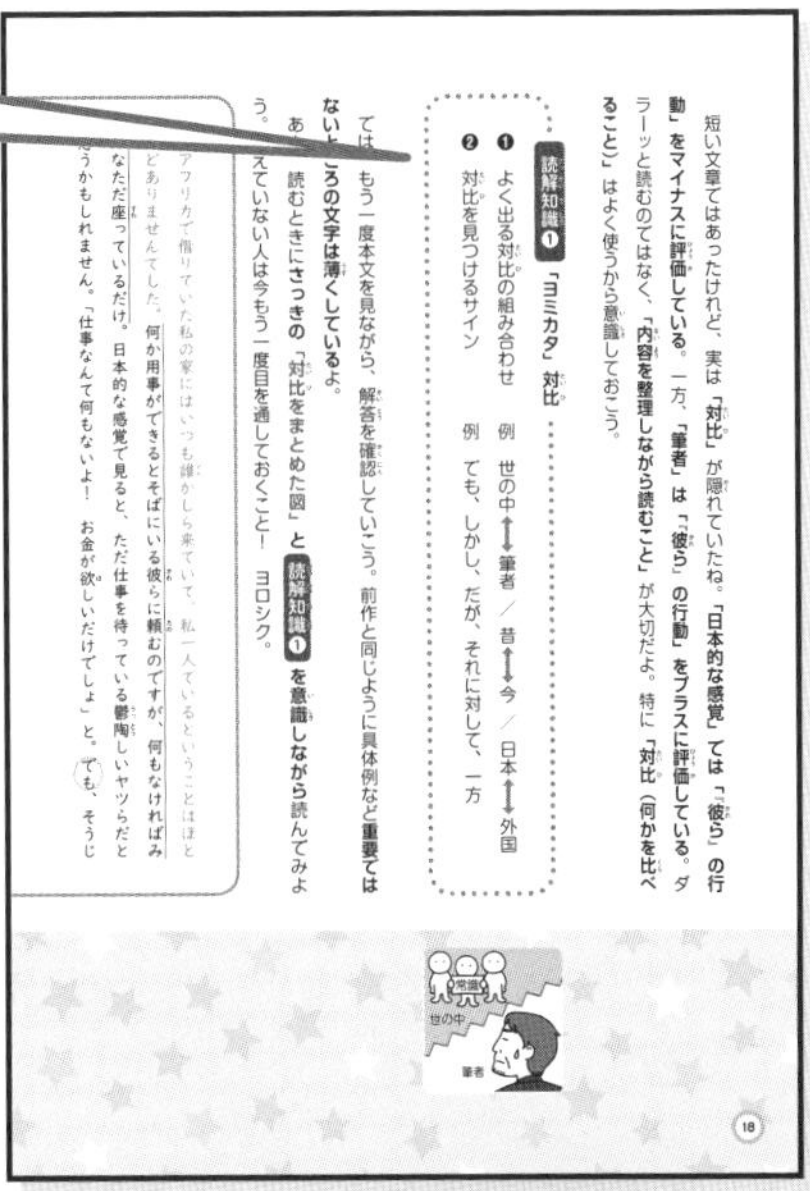

もくじ

問題文　出典一覧《いちらん》

問題番号	出題校	著《ちょ》者《しゃ》	書名（出版《しゅっぱん》社／レーベル名）
問題1	國學院大學久我山中学校	山極寿一	京大総長、ゴリラから生き方を学ぶ（朝日文庫）
問題2	恵泉女学園中学校	山口仲美	日本語の歴史（岩波新書）
問題3	山脇学園中学校	清水由美	すばらしき日本語（ポプラ新書）
問題4	法政大学中学校	伊勢武史	2050年の地球を予測する　科学でわかる環境の未来（ちくまプリマー新書）
問題5	日本大学豊山中学校	外山滋比古	思考の整理学（ちくま文庫）
問題6	成城学園中学校	苫野一徳	未来のきみを変える読書術　なぜ本を読むのか？（ちくまQブックス）
問題7	愛知淑徳中学校	石井桃子	みがけば光る（河出文庫）
問題8	日本大学豊山中学校	池上彰	なぜ世界を知るべきなのか（小学館 Youth Books）
問題9	京都女子中学校	鎌谷直之	オンリーワン・ゲノム　今こそ「遺伝と多様性」を知ろう（星の環会）
問題10	獨協中学校	工藤尚悟	私たちのサステイナビリティ　まもり、つくり、次世代につなげる（岩波ジュニア新書）
問題11	法政大学中学校	村山貞也	人はなぜ匂いにこだわるか　知らなかった匂いの不思議（ＫＫベストセラーズ）

問題12	京都女子中学校	伊勢武史	2050年の地球を予測する　科学でわかる環境の未来（ちくまプリマー新書）
問題13	成城中学校	小林武彦	生物はなぜ死ぬのか（講談社現代新書）
問題14	近畿大学附属中学校	山極寿一	スマホを捨てたい子どもたち（ポプラ新書）
問題15	共立女子中学校	高橋博之	人と食材と東北と（オレンジページ）
問題16	成城中学校	山極寿一	15歳の寺小屋　ゴリラは語る（講談社）
問題17	大妻中野中学校	西谷修	戦争とは何だろうか（ちくまプリマー新書）
問題18	田園調布学園中等部	山口裕之	「みんな違ってみんないい」のか？　相対主義と普遍主義の問題（ちくまプリマー新書）
問題19	恵泉女学園中学校	本川達雄	生物学的文明論（新潮新書）
問題20	品川女子学院中等部	伊勢武史	2050年の地球を予測する　科学でわかる環境の未来（ちくまプリマー新書）
問題21	共立女子中学校	中谷宇吉郎	科学と人生　（角川ソフィア文庫）
問題22	須磨学園夙川中学校	岡本太郎	自分の中に毒を持て　あなたは"常識人間"を捨てられるか（青春文庫）

正解《せいかい》を導《みちび》くアプローチ

5つの手順

- [x] 手順1　設問《せつもん》・条件《じょうけん》チェック
- [ ] 手順2　傍線《ぼうせん》チェック
- [ ] 手順3　一文チェック
- [ ] 手順4　前後文チェック
- [ ] 手順5　同内容《どうないよう》チェック

手順を意識《いしき》して解《と》き進めましょう。今回は手順1を意識《いしき》することで解《と》ける問題です。

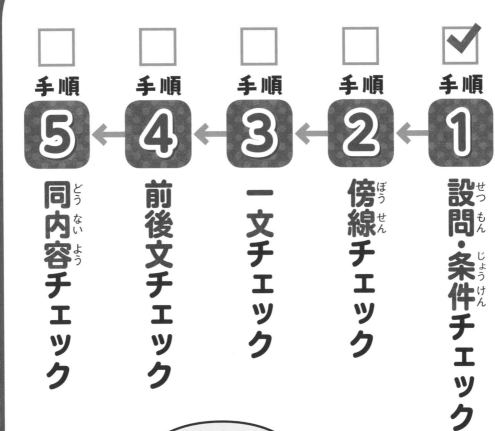

プロローグ

さて、手順1の勉強のスタートだね。

ここでは何をやるの?

そうだね、**問題を解《と》くときにみんなに意識《いしき》してほしいこと**から始めようかな。

意識してほしいこと?

うん。みんな「本文を読むこと」や「設問《せつもん》に答えること」はがんばってくれるんだ。

まあ、そりゃあね。

でも**「設問《せつもん》に答える前にやること」がスコーンとぬけていたりすることがある**んだよね。

「設問《せつもん》に答える前にやること」?

そう。**次の二つ**だ。これらを意識《いしき》したうえで問題を解《と》くと**うまく「聞かれていることに答えられる」ようになる**ね。

なになに?

それはね、次の二つだよ。

❶ **設問《せつもん》＝質問《しつもん》されていること**
❷ **条件《じょうけん》＝答えるときのルール**

なるほど、**「設問《せつもん》」と「条件《じょうけん》」**ね。

うーん、どういうこと？

たとえば、ヒロくん、**好きなスポーツ**は？

サッカー！

それが「聞かれたことに答えること」だよ。**「スポーツ」のことを聞いているのに「ハンバーグ」や「オムライス」って答えたらどう？**

ケンカ売っているわね……

だよね。じゃあ、ヒロくん。好きなスポーツを**球技《きゅうぎ》以外で**教えて。

球技《きゅうぎ》以外かー。それだと**スキー**は毎年家族で行くから好きだな。

うん、**「球技《きゅうぎ》以外」というルールをふまえて答えられたね。**

これで**「野球」や「ラグビー」を答えたらルール違反《いはん》**ってことだよね。

そうそう。だからこそ、**❶設問《せつもん》と❷条件《じょうけん》を意識《いしき》してから解《と》き始めるというのが大切**なんだよ。簡単《かんたん》にまとめておくと、次のようなことをチェックしておくといいかな。

❶ 設問《せつもん》…「どういうことか」「なぜか」
❷ 条件《じょうけん》…解答《かいとう》の字数（記述《きじゅつ》／ぬき出し）
解答《かいとう》の選び方（ふさわしいもの／ふさわしくないもの／一つ／複数《ふくすう》）
解答《かいとう》の範囲《はんい》（○○より前から／直前の◇◇／直後の○○）などなど

見たことあるものばっかだなー。

他にもあるけどね。それはこの本を進めていくなかで確認《かくにん》していこう。

解《と》く前に気をつけないといけないことがあるのね。

「敵《てき》は設問《せつもん》・条件《じょうけん》にあり！」ってことだね。じゃあ、入試問題で確認《かくにん》してみよう。

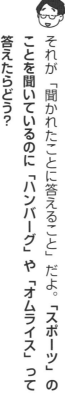

問題1「読んでいるようで、読んでいないもの」

（國學院大學久我山中学校《こくがくいんだいがくくがやまちゅうがっこう》・一部抜粋《ばっすい》）

アフリカで借りていた私の家にはいつも誰《だれ》かしら来ていて、私一人でいるということはほとんどありませんでした。何か用事ができるとそばにいる彼《かれ》らに頼《たの》むのですが、何もなければみんなただ座《すわ》っているだけ。日本的な感覚で見ると、ただ仕事を待っている鬱陶《うっとう》しいヤツらだと思うかもしれません。「仕事なんて何もないよ！ お金が欲《ほ》しいだけでしょ」と。でも、そうじゃない。彼らは何でもいいから、私のことを手伝いたいと思っている。それがお金になるか否《いな》かは結果論にすぎないのです。だから、いつも私が頼みごとがしやすい場所にいて、時には先回りして動いてくれたりします。

やれ、庭で飼っているヤギが綱《つな》から離《はな》れた！ だの、鶏《にわとり》がうるさいから静かにさせなきゃ！ だの、誰か客が来たぞ！ と、みんな勝手に対応してくれる。これは、自分の時間はどうぞ全部使ってくださいという彼らの提案なのです。つまり、私に対する彼らの愛。一緒《いっしょ》にいるなら、たとえば食事の際に「あなたも食べる？」と言わないといけないかな？ というような気遣《きづか》いも実は日本人的な感覚であって、彼らにしてみれば、そこにはただ彼らが私にくれた時間があるだけ。

（山極寿一『京大総長、ゴリラから生き方を学ぶ』）

問 ――とありますが、このような「彼ら」の行動を、「私」はどのようなものと受け取っていますか。文中から26字で抜き出し、はじめと終わりの3字を記しなさい。

解《かい》答《とう》欄《らん》

〜

どうだったかな。うまく答えを見つけることはできたかな？

ところで、どんな入試問題にも「**次の文章を読んで、後の問いに答えなさい**」という**問題文**があるんだ。文章を読むことも大切なんだけど、僕《ぼく》たちは**「問いに答えること」についてもおろそかにしてはいけない**、ということだよね。

なーんだ、フツーのことですよね。

そんな声が聞こえてきそう。でも、**問題をよく読まずに答えようとしてしまったこと**、みんなもあるんじゃないかな。たとえば「ふさわしくないものを選べ」とあるのに「ふさわしいもの」を一生懸命《けんめい》選んでしまったり……。**いくら正しく文章が理解《りかい》できていたとしても、答えるものを間違《まちが》ってしまったら台無し**だよね。そうならないために大事なことは何だろう？ そう、最初に確認《かくにん》したよね。**「設問《せつもん》」と「条件《じょうけん》」**だ。

この二つを確認《かくにん》することを「**設問《せつもん》・条件《じょうけん》チェック**」とこの本では呼《よ》ぶよ。とにかく、ここの部分から一緒《いっしょ》にがんばっていこう。

手順1 設問《せつもん》・条件《じょうけん》チェック

問 ――とありますが、このような「彼ら」の行動を、「私」はどのようなものと受け取っていますか。文中から26字で抜き出し、はじめと終わりの3文字を記しなさい。

条件《じょうけん》＝答えるときのルール

設問《せつもん》＝質問《しつもん》されていること

今回の問題は「ぬき出し」の問題だったね。字数は26文字。このあたりの**条件《じょうけん》にちゃんとチェック**はついているかな。では、**設問《せつもん》（＝質問《しつもん》されていること）**についてはどうかな？　今回の問題、**傍線《ぼうせん》の内容《ないよう》や意味そのものを聞いているわけではない**、ということに気づいているかが重要なところだ。

えっ？　どーゆーこと？

こういうことだよ。設問《せつもん》は**「『彼《かれ》ら』の行動（＝傍線《ぼうせん》）を、『私《わたし》』はどのようなものと受け取っていますか」**なので、傍線《ぼうせん》部分に書かれた「『彼《かれ》ら』の行動」を**筆者自身がどのように感じているのかを答えたらいい**、というわけだ。つまり、**傍線《ぼうせん》の内容《ないよう》そのものをいくら考えても、それは「『彼《かれ》ら』の行動」の説明にしかならない**、ということでもあるんだ。設問《せつもん》をよく意識《いしき》する必要性《せい》はわかってもらえたかな？　では、そろそろ解説《かいせつ》に入っていこうか。まずは、次の図を見てみよう。

「彼《かれ》ら」の行動について

日本的な感覚 ↔ **筆者**

日本的な感覚＝**ただ仕事を待っている鬱陶《うっとう》しいヤツら　お金が欲《ほ》しいだけ（お金が目的）**

筆者＝**私《わたし》のことを手伝いたいと思っている（愛）　お金になるか否《いな》かは結果論にすぎない**

ワンポイント

合言葉は「がのあと」

「――とありますが」や「――とあるが」と来たら「が」の後ろに設問《せつもん》や条件《じょうけん》が来るよ。意識《いしき》してみよう。

短い文章ではあったけれど、実は**「対比《たいひ》」**が隠《かく》れていたね。**「日本的な感覚」**では**「『彼《かれ》ら』の行動」をマイナスに評価《ひょうか》している。**一方、**「筆者」**は**「『彼《かれ》ら』の行動」をプラスに評価《ひょうか》している。**ダラーッと読むのではなく、**「内容《ないよう》を整理しながら読むこと」**が大切だよ。特に**「対比《たいひ》（何かを比《くら》べること）」**はよく使うから意識《いしき》しておこう。

読解知識《どっかいちしき》①　「ヨミカタ」対比《たいひ》

❶ よく出る対比《たいひ》の組み合わせ　例　世の中⟷筆者／昔⟷今／日本⟷外国

❷ 対比《たいひ》を見つけるサイン　例　でも、しかし、だが、それに対して、一方

では、もう一度本文を見ながら、解答《かいとう》を確認《かくにん》していこう。前作と同じように具体例など**重要ではないところの文字は薄《うす》くしているよ。**

あ！　読むときに**さっきの「対比《たいひ》をまとめた図」と読解知識《どっかいちしき》①を意識《いしき》しながら**読んでみよう。覚えていない人は今もう一度目を通しておくこと！　ヨロシク。

アフリカで借りていた私の家にはいつも誰《だれ》かしら来ていて、私一人でいるということはほとんどありませんでした。何か用事ができるとそばにいる彼《かれ》らに頼《たの》むのですが、何もなければみんなただ座《すわ》っているだけ。日本的な感覚で見ると、ただ仕事を待っている鬱陶《うっとう》しいヤツらだと思うかもしれません。「仕事なんて何もないよ！　お金が欲《ほ》しいだけでしょ」と。でも、そうじ

ゃない。彼らは何でもいいから、私のことを手伝いたいと思っている。それがお金になるか否《いな》かは結果論にすぎないのです。だから、いつも私が頼みごとがしやすい場所にいて、時には先回りして動いてくれたりします。

やれ、庭で飼っているヤギが綱《つな》から離《はな》れた！ だの、鶏《にわとり》がうるさいから静かにさせなきゃ！ だの、誰か客が来たぞ！ と、みんな勝手に対応してくれる。これは、自分の時間はどうぞ全部使ってくださいという彼らの提案なのです。つまり、私に対する彼らの愛。一緒《いっしょ》にいるなら、たとえば食事の際に「あなたも食べる？」と言わないといけないかな？ というような気《き》遣《づか》いも実は日本人的な感覚であって、彼らにしてみれば、そこにはただ彼らが私にくれた時間があるだけ。

どうだろう？ **対比《たいひ》を意識《いしき》する前と後では本文の読み方や気持ちが変わった**んじゃないかな。

解答《かいとう》は「筆者」の部分を探《さが》していくことで見つかったね。「彼《かれ》らは何でもいいから、私《わたし》のことを手伝いたいと思っている」や「私《わたし》に対する彼《かれ》らの愛」などいくつか候補《こうほ》（三つあるよ）はあったけど**字数の条件《じょうけん》を満たしているものは一つだけ**だった。そう、「**自分の時間はどうぞ全部使ってくださいという彼《かれ》らの提案《ていあん》**」の部分だ。「どのようなもの」という設問《せつもん》にも合う終わり方だね。はじめと終わりの3字を解答《かいとう》するのだから、答えは「自分の～の提案《ていあん》」でオシマイだね。

解答《かいとう》【自分の～の提案】

ワンポイント

「つまり」

文章は「対比《たいひ》」ばかりではなく、当然「同内容《どうないよう》」が繰《く》り返されることもあるよ。「つまり」や「このように」はその代表例だ。今回もそうだったね。「自分の時間は全部使ってください」＝「私《わたし》に対する愛」だもんね。

問題2 「〈どういうことか〉は、どういうことか」

（恵泉女学園中学校《けいせんじょがくえんちゅうがっこう》・一部抜粋《ばっすい》）

母国語を失うということは、物の考え方、感じ方を失うということ。大げさに言えば、具体的で感覚的な日本文化が消えているのです。もちろんそれでもいいとおっしゃる方もいらっしゃるかもしれません。

そういう方は、是非《ぜひ》とも次の問題も考えてみてください。世界中の言語がすべて英語だけに統一されてしまったとします。すると、どの地域からも英語という糸で織り成される織物しか出来てきません。それぞれの地域のもっていた独特の風合いが失われ、どの地域に行っても、どこに住んでも、同じ織物しかないのです。ということは、異なる織物同士の間で競争したり、刺激《しげき》しあったりすることがないということです。人は、努力をしなくなります。人類の文化そのものが痩《や》せて廃《すた》れていきます。一元化の恐《おそ》ろしいところです。

（山口仲美『日本語の歴史』）

問　——「一元化の恐ろしいところです」とありますが、どのようなことが「恐ろしい」のですか。説明しなさい。

解答欄《かいとうらん》

手順
1
設問・条件
チェック

手順
2
傍線
チェック

手順
3
一文
チェック

手順
4
前後文
チェック

手順
5
問内容
チェック

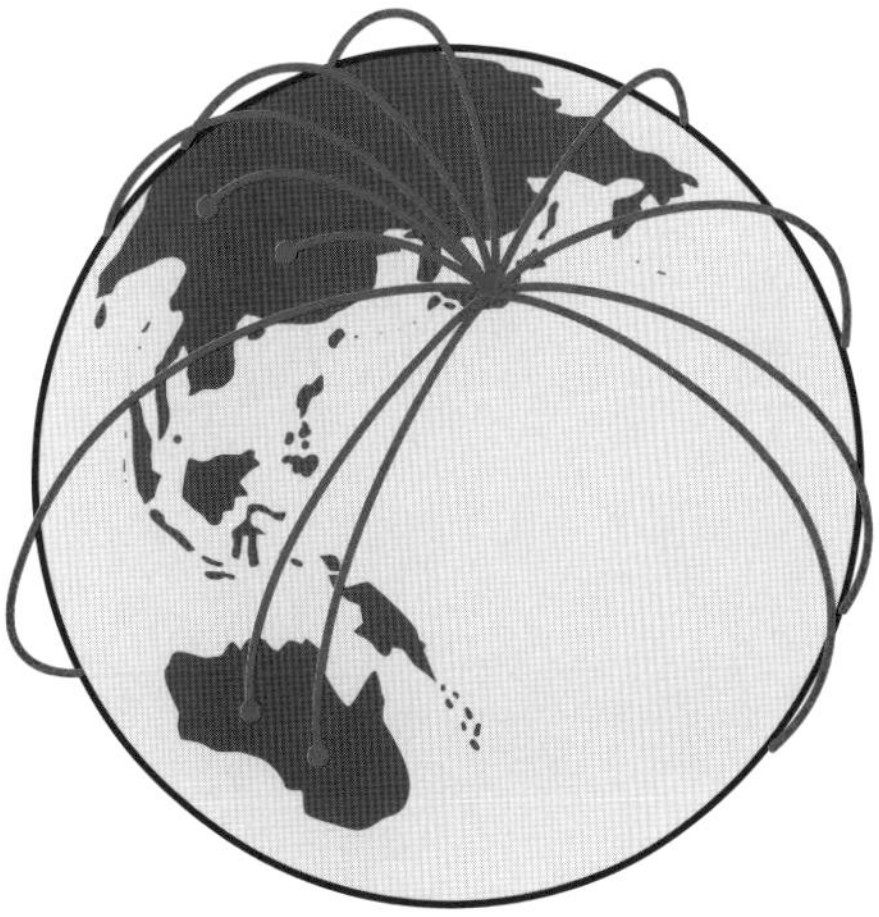

今回は、「どういうことか」という設問《せつもん》について一緒《いっしょ》に考えていこう。**国語の設問《せつもん》は大きく分けて次の二種類**だ。

読解知識《どっかいちしき》❷ 「トキカタ」設問《せつもん》の種類

❶「どういうことか」…傍線《ぼうせん》をよりくわしい形に説明し直す

❷「なぜか」…傍線《ぼうせん》を「結果」として、理由を答える

問題2では❶を、次の問題3では❷を扱《あつか》うよ。では、さっそく❶について考えていこう。

国語の問題として考えると難《むずか》しく思えるかもしれないけれど、みんなは会話のなかで「どういうこと?」って聞き返したり、聞き返されたりしたことはないかな? たとえば、「昨日イヤなことがあってさ……」と深刻《しんこく》な顔をして友だちが君に話をしてきたらどうする?

「そんなことよりさー、外に遊びに行こう!」なんて答えようものなら友情《ゆうじょう》は崩壊《ほうかい》だ。そこは「え? 何があったの?」「どんなことがあったの?」となるよね。そうすると、おそらく友だちは安心して「財布《さいふ》を落とした」や「犬に追われた」など「イヤなことの中身」を説明してくれるはずだ。

これが、**「傍線《ぼうせん》をよりくわしい形に説明し直す」**ということなんだ。つまり**「傍線《ぼうせん》を別の言葉で言い換《か》える」**ということだね。さっきの例を図にまとめてみよう。こんな感じだ。

傍線《ぼうせん》　イヤなこと
＝　どういうことか?
言い換《か》え　財布《さいふ》を落とした／犬に追われた

国語でも同じこと。**日常《にちじょう》会話でやっていることなのだから、必要以上におびえることはないよ。**

では、問題2の解説《かいせつ》に入ろう。まずは「**設問《せつもん》・条件《じょうけん》チェック**」からだったね。

手順1 ▼▼▼ 設問《せつもん》・条件《じょうけん》チェック

> 問　――「一元化の恐ろしいところです」とありますが、どのようなことが「恐ろしい」のですか。説明しなさい。

この設問《せつもん》、**実はとても親切**なんだ。だって、難《むずか》しくしようとするなら、次のようにしてしまえばいい。

> 問　――「一元化の恐ろしいところです」とありますが、どういうことですか。説明しなさい。

こんなふうに聞かれてしまうと、僕《ぼく》たちは「一元化」の中身と、「恐《おそ》ろしい」の中身について説明し直さないといけないね。

でも、今回の設問《せつもん》はそうじゃないね。よーく設問《せつもん》を見てみよう。**説明する箇所《かしょ》は半分**じゃないかな？　そう、**「一元化」についてだけでいい**、ということだね。だって「どのようなことが『恐《おそ》ろしい』のですか」だもんね。まずは、ここを理解《りかい》しておこう。

ちなみに、「一元」は**「一つの要素《ようそ》」として考えること**だね。**反対語は「二元」や「多元」**だ。

では、本文を見てみよう。

> 母国語を失うということは、物の考え方、感じ方を失うということ。大げさに言えば、具体的で感覚的な日本文化が消えていくのです。もちろんそれでもいいとおっしゃる方もいらっしゃるかもしれません。
> そういう方は、是非《ぜひ》とも次の問題も考えてみてください。世界中の言語がすべて英語だけに統一されてしまったとします。すると、どの地域からも英語という糸で織り成される織物しか出来てきません。それぞれの地域のもっていた独特の風合いが失われ、どの地域に行っても、どこに住んでも、同じ織物しかないのです。ということは、異なる織物同士の間で競争したり、刺激《しげき》しあったりすることがないということです。人は、努力をしなくなります。人類の文化そのものが痩《や》せて廃《すた》れていきます。一元化の恐《おそ》ろしいところです。

ズバリ、**「世界中の言語がすべて英語だけに統一《とういつ》」という部分が「一元化」**だね。これが「恐《おそ》ろしい」のだから、どういうところがマイナスなのかを探《さが》していけばいい。話の流れを追っていく

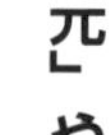

ワンポイント

反対語①

反対語（対義語《たいぎご》）を多く知っていると本文の内容理解《ないようりかい》だけでなく「対比《たいひ》」にも気づきやすくなるね。代表的な反対語は次のものたち。
・一般《いっぱん》↔特殊《とくしゅ》
・画一↔個性《こせい》
・革新《かくしん》↔保守《ほしゅ》
・感性《かんせい》↔理性《りせい》
・寛容《かんよう》↔厳格《げんかく》
・帰納《きのう》↔演繹《えんえき》
・空虚《くうきょ》↔充実《じゅうじつ》
・具体↔抽象《ちゅうしょう》
・軽蔑《けいべつ》↔尊敬《そんけい》
・権利《けんり》↔義務《ぎむ》
どこかで目にしたことがあるんじゃないかな？　もしも知らなかったら、意味と合わせて覚えておくといいね。

と、次のような中身になるね。

一元化
＝
世界中の言語がすべて英語だけに統一される
↓ **すると**
独特の風合いが失われ、どの地域に行っても、どこに住んでも、同じ織物しかない
＝ **ということは**
異なる織物同士の間で競争したり、刺激《しげき》しあったりすることがない
↓
人は、努力をしなくなる
↓
人類の文化そのものが痩《や》せて廃《すた》れていく

こんな形で内容《ないよう》が整理できた。これらを解答《かいとう》になるようにまとめていこう。ただし、**記述《きじゅつ》に具体例や比喩《ひゆ》は原則《げんそく》として使わない**ので、「英語」ではなく「言語」を使う、「織物《おりもの》」ではなく「文化」を使うなどの工夫《くふう》が必要だね。「織物《おりもの》」の例が難《むずか》しかったかもしれないけど、「言語」が「同じ」になるということは、自分たちの「文化」も同じになるということだ。本文の最初にも「母国語を失う」と「日本文化」が消えるという内容《ないよう》があったね。日本語に「雨」や「魚」を表す言葉が多いのは「日本の文化」だよ。「英語」に統一《とういつ》されると、そういった日本独自《どくじ》の文化もなくなるね。ちょ

ワンポイント

「すると」

「すると」というのは、「理由と結果」を結ぶ言葉だね。仲間の言葉としては、「だから」「したがって」があるよ。こういった言葉は、本文の内容《ないよう》だけでなく、「理由説明」の問題を解《と》くときに役に立つこともあるよ。

うどよい機会だから、記述《きじゅつ》の書き方も少しまとめておこう。

読解知識《どっかいちしき》❸ 「トキカタ」記述《きじゅつ》の注意点

❶ 原則《げんそく》として、具体例や比喩《ひゆ》は使わない
❷ 一つの内容《ないよう》を繰《く》り返し書くのではなく、いろいろな内容《ないよう》を盛《も》り込《こ》む（説得力《せっとくりょく》が増《ま》す！）
❸ 設問条件《せつもんじょうけん》に合わせた文末にする（例 〜こと。／〜から。）
❹ 話し言葉は使わない（例 〜しちゃって／〜けど）
❺ 主語と述語《じゅつご》が対応《たいおう》するように書く（文の美しさ。読みやすさ！）
❻ 一文でだらだら書かず「、」を打つ（これも美意識《いしき》！）
❼ 読める字で書く（当たり前のこと）

このあたりは最低限《さいていげん》、気をつけたいことだね。**記述《きじゅつ》問題に出合ったら、その都度意識《いしき》して**みよう。

では、この問題の解答例《かいとうれい》だ。

解答例《かいとうれい》　言語が統一《とういつ》されることで、異《こと》なる文化間で競争したり刺激《しげき》し合ったりする必要がないので努力をしなくなる結果、文化そのものが先細り、廃《すた》れてしまうということ。

ワンポイント　記述解答《きじゅつかいとう》の評価《ひょうか》

例　10点満点

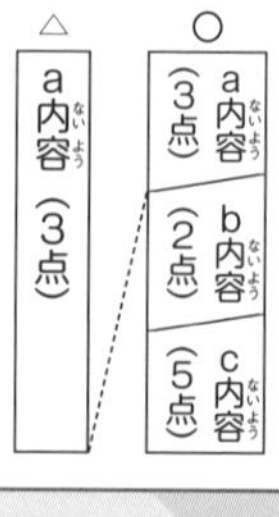

右の図、わかるかな？記述解答《きじゅつかいとう》は内容《ないよう》(要素《ようそ》)ごとに点数がふられているので、「いろいろな内容《ないよう》」を盛《も》り込《こ》んで解《かい》答《とう》することが大切なんだ。いくら完璧《かんぺき》に「a内容《ないよう》」を書きあげたとしても、最大で「3点」しかもらえない、ということだよ。記述解答《きじゅつかいとう》の合言葉は、「複数《ふくすう》の要素《ようそ》」だ。

どうだったかな?

❶ **言語が統一《とういつ》されること**

❷ **異《こと》なる文化間で競争したり刺激《しげき》し合ったりする必要がないこと**

❸ **努力をしなくなること**

❹ **文化そのものが先細りになること**

❺ **廃《すた》れてしまうこと**

という五つのポイントがおさえられていればいいね。

自分の解答《かいとう》と見比《みくら》べてみよう。その違《ちが》いを確認《かくにん》することが、君の成長のきっかけになるよ。

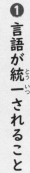

問題3 「〈なぜか〉が、解《と》けないのはなぜか」

(山脇《やまわき》学園《がくえん》中学校《ちゅうがっこう》・一部抜粋《ばっすい》)

でも、こうまで「させていただく」が※蔓延《まんえん》してきたのには、もっともな理由があります。それは、便利だから、です。

自分の行為をへりくだって述べるのが謙譲表現なわけですが、じつは「へりくだる」にも二種類あるのです。その行為に関連してへりくだるべき相手がいる場合と、とくにそのような相手がいない場合、です。二〇〇七年に、文化庁の文化審《しん》議会というところが新たな「敬語の指針」を発表しました。それまでひとくくりにしていた謙譲語を二つに分け、後者の、へりくだる相手がいない場合を「丁重語」と名づけました。この丁重語の代わりとして、「させていただく」は便利に使えるのです。

(中略)

つまり、自分の行為をへりくだって丁寧に表現する方法として、じつは二種類あるわけですが、右に述べた「伺う」と「まいる」の違いも、言われるまでは気づかなかった、という方は多いのではないでしょうか。この違いには気づきにくいうえに、別々の表現を覚えなければならないという記憶《おく》の負担もあります。その点、「させていただく」は、とりあえず自分の行為全般《ぱん》に(使おうと思えば)使えてしまうのです。とっさに「伺う」が出てこなくても、「まいる」が思い浮《う》かばなくても、はたまたどっちを使うか迷ったら、「行く」の形を変えて「行かせていただく」と言えばOKです。行き先が恩師のお宅だろうが、居酒屋のトイレだろうが、使えます。便利なのです。それで、相手がいてもいなくてもかまうもんか、とにかく自分の行為には全部使っとけ、ということになったのではないかと思います。

（清水由美『すばらしき日本語』）

※蔓延…とめどもなく広がること。

問

——線「こうまで『させていただく』が蔓延してきたのには、もっともな理由があります。それは、便利だから、です」とありますが、「させていただく」という表現はなぜ「便利」だと筆者は述べていますか。その理由を四十字以内で説明しなさい。

解《かい》答《とう》欄《らん》

さて、今回は「なぜか」という理由問題だ。読解知識《どっかいちしき》②でも紹介《しょうかい》したね。理由を聞く問題、苦手な人も多いよね。特に**記述《きじゅつ》問題だと、一生懸命《けんめい》書いてはみたものの、採点《さいてん》されたものを見たら×がついている**なんてことも……。その原因《げんいん》の一つに、**「理由」問題の仕組みがイマイチわかっていない**、ということがあるんだ。まずは、その部分から確認《かくにん》していこう。

たとえば、僕《ぼく》が急に「映画《えいが》を観《み》たりマンガを読んだりすると読解力《どっかいりょく》がつきます！」って言ったとしたら、君の頭は「え？　なんで？」となるはず。そう、これが理由問題の**種と仕掛《しか》け**なんだよ。つまりね、**理由問題は「説明がぬけ落ちているところが問題（傍線《ぼうせん》）になりやすい」**ということなんだ。

× **映画《えいが》やマンガ ➡ 読解力《どっかいりょく》がつく（これだと意味が通じない）**

○ **映画《えいが》やマンガ ➡ ？ ➡ 読解力《どっかいりょく》がつく**

「映画《えいが》を観《み》たりマンガを読んだりすること」がどういうことか → ？

そう、「映画《えいが》やマンガ」と「読解力《どっかいりょく》がつくこと」の間に**本来あるはずの説明を補《おぎな》うことが、理由説明になる**んだよ。

今回の設問《せつもん》をもう一度読んでこらん。なぜこの問題をこのタイミングで選んだのか、わかってくれるかも。

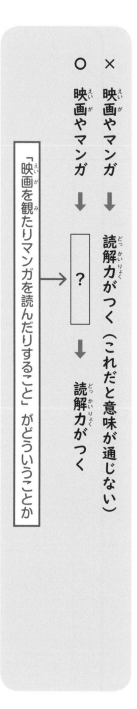

読んでくれたかな？　では、解説《かいせつ》に入ろう。

手順1 ▼▼▼ 設問《せつもん》・条件《じょうけん》チェック

> 問　――線「こうまで『させていただく』が蔓延してきたのには、もっともな理由があります。それは、便利だから、です」とありますが、「させていただく」という表現はなぜ「便利」だと筆者は述べていますか。その理由を四十字以内で説明しなさい。

さっき僕《ぼく》が言ったこと、わかった人いるかな？　今回の問題、難《むずか》しくしようとするなら、次のようにできる。

> 問　――線「こうまで『させていただく』が蔓延してきたのには、もっともな理由があります。それは、便利だから、です」とありますが、なぜですか。その理由を四十字以内で説明しなさい。

ね？　だけど、今回の設問《せつもん》はちゃんと**「『させていただく』という表現《ひょうげん》」について説明を補《おぎな》いなさい**よ、と教えてくれているね。すごく親切。それもあってこの問題を選んだんだ。最初に勉強するには最適《さいてき》な問題だと思ってね。では、次の図の ? の部分の説明を見つけてみよう。

「させていただく」という表現《ひょうげん》
↓
？
↓
便利（プラスの価値《かち》）

「『させていただく』という表現《ひょうげん》」がどういうことか → ？

でも、こうまで「させていただく」が蔓延《まんえん》してきたのには、もっともな理由があります。それは、便利だから、です。

自分の行為をへりくだって述べるのが謙譲表現なわけですが、じつは「へりくだる」にも二種類あるのです。その行為に関連してへりくだるべき相手がいる場合と、とくにそのような相手がいない場合、です。二〇〇七年に、文化庁の文化審《しん》議会というところが新たな「敬語の指針」を発表しました。それまでひとくくりにしていた謙譲語を二つに分け、後者の、へりくだる相手がいない場合を「丁重語」と名づけました。この丁重語の代わりとして、「させていただく」は便利に使えるのです。

（中略）

つまり、自分の行為をへりくだって丁寧に表現する方法として、じつは二種類あるわけですが、右に述べた「伺う」と「まいる」の違いも、言われるまでは気づかなかった、という方は多いのではないでしょうか。この違いには気づきにくいうえに、別々の表現を覚えなければならないという記憶《おく》の負担もあります。その点、「させていただく」は、とりあえず自分の行為全般《ぱん》に（使おうと思えば）使えてしまうのです。とっさに「伺う」が出てこなくても、「まいる」

が思い浮《う》かばなくても、はたまたどっちを使うか迷ったら、「行く」の形を変えて「行かせていただく」と言えばOKです。行き先が恩師のお宅だろうが、居酒屋のトイレだろうが、使えます。便利なのです。それで、相手がいてもいなくてもかまうもんか、とにかく自分の行為には全部使っとけ、ということになったのではないかと思います。

「させていただく」についてプラスに書かれているところはこうだね。要は、**「自分の行為《こうい》をへりくだって丁寧《ていねい》に表現《ひょうげん》する方法として、じつは二種類ある」のに、「させていただく」だと自分の行為《こうい》すべてに使える**、ということだよね。これを字数に合うようにまとめてみよう。

解答例《かいとうれい》

へりくだって丁寧《ていねい》に表現《ひょうげん》する場合に、相手がいてもいなくても使えてしまうから。

さて、「**設問《せつもん》・条件《じょうけん》チェック**」はここまでだ。とても大切な学びのある3題だったね。よく読み直しておこう！

ワンポイント

「思います」

文章を読んでいくと「――と思う」「――と考える」など、「筆者の意見」だとわかるサインが出てくることがあるね。話を整理していくうえで重要だよ。だって、「文章の内容《ないよう》」は「文章を書いた人の考え」なわけだから。

正解《せいかい》を導《みちび》くアプローチ

5つの手順

☑ 手順1 設問《せつもん》・条件《じょうけん》チェック

☑ 手順2 傍線《ぼうせん》チェック

☐ 手順3 一文チェック

☐ 手順4 前後文チェック

☐ 手順5 同内容《どうないよう》チェック

手を動かして解《と》きましょう。今回は手順2までを意識《いしき》することで解《と》ける問題です。

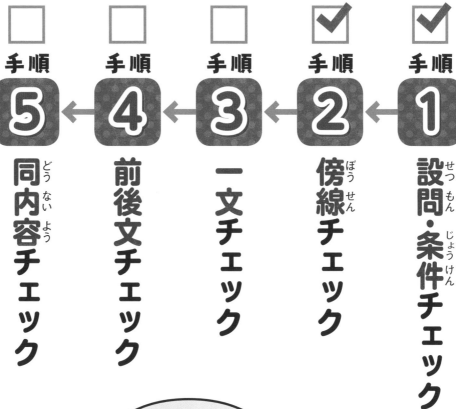

プロローグ

今回は「**傍線《ぼうせん》チェック**」という手順2に入ろう。これもとても大切なことなんだ。

傍線《ぼうせん》をちゃんと読もう、ってことだよね?

簡単《かんたん》に言っちゃえばそういうことだね。でも、**設問《せつもん》はあくまでも傍線《ぼうせん》のこと**なんだから実は当たり前のことなんだけどね。

でもさー、俺《おれ》の姉ちゃん、塾《じゅく》の先生に「とりあえず傍線《ぼうせん》のまわりを見ろ! 記述《きじゅつ》問題でわからなかったら傍線《ぼうせん》のまわりのこと書け!」って言われたみたいだよ。

実際《じっさい》に、「傍線《ぼうせん》のまわり」がヒントになって問題が解《と》けることもあるよね。

たしかに文と文はつながりがあるものだから「傍線《ぼうせん》のまわり」がヒントになることはあるけどね。でも個人《こじん》的には「とりあえず前後!」みたいな考え方はおすすめしないな。

どうして？

だってさ、考えてもごらんよ。**「とりあえず前後」という考え方だと「傍線《ぼうせん》そのものを理解《りかい》しているわけではない」**ということだよ。

たしかにぃ。

極端《きょくたん》な例だけど、たとえばこんな問題があったとする。

> ヒロくんの昼食は、チャーハンとギョーザだった。
>
> 設問　――とありますが、どういうことか。

なぜ、俺《おれ》の昼ご飯を知っている……？

まあまあ。で、当然答えは「チャーハン」を説明し直すわけだよね。

ふむふむ。

設問《せつもん》の条件《じょうけん》や難《むずか》しさによって、もちろん傍線《ぼうせん》のまわりの内容《ないよう》をふまえて考えることはあるけれど、「チャーハン」のことを無視《むし》して「ギョーザ」や「ヒロくん」の説明をしても意味はないよね。

だから、**設問《せつもん》＝傍線《ぼうせん》**、なんだね。

そう。**「まずは傍線《ぼうせん》から始めよ」**とよく言うのはそういうことだよ。

きたきた（笑）。

傍線《ぼうせん》の中に指示《しじ》語や接続《せつぞく》語があればそれをヒントにして「傍《ぼう》線《せん》のまわり」を探《さぐ》りにいく必要があるということだね。やみくもに「とりあえず前後！」にいくのとは違《ちが》うんだ。

ま、それは今から先生が説明してくれるんだよね。

そうだね、論《ろん》より証拠《しょうこ》。入試問題を解《と》いてみよう！

まずは傍線《ぼうせん》から始めよ！

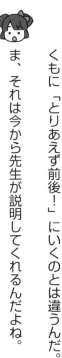

問題4 「傍線《ぼうせん》への深い愛」

（法政大学中学校《ほうせいだいがくちゅうがっこう》・一部抜粋《ばっすい》）

遺伝子とは、コンピュータプログラムのようなもの。僕ら人間を含めた生物がどのような形に成長して、どのように行動するかが書かれた設計図だ。僕らは、自分が運んでいる遺伝子が存続し、そのコピーを増やすために生きている。そんなことを日常生活で考えることなんてないかもしれないが、これが厳然たる事実なのだ。ＳＦのストーリーで、近未来の世界はロボットや人工知能に支配されていて人間が迫害を受けるというのはよくあるが、実は僕らはすでに、遺伝子というプログラムに支配されているのだ。

（伊勢武史『２０５０年の地球を予測する――科学でわかる環境の未来』）

問 ――線「遺伝子というプログラムに支配されている」とありますが、どういうことですか。その説明として最も適切なものを次から選び、記号で答えなさい。

ア 遺伝子の仕組みは神さまによってコントロールされているということ。

イ 生物の生き方は遺伝子によってあらかじめ決定されているということ。

ウ 特定の遺伝子を受け継ぐことが最初から刷り込まれているということ。

エ 生物はもともと利己的な存在であると思い込まされているということ。

解答欄《かいとうらん》

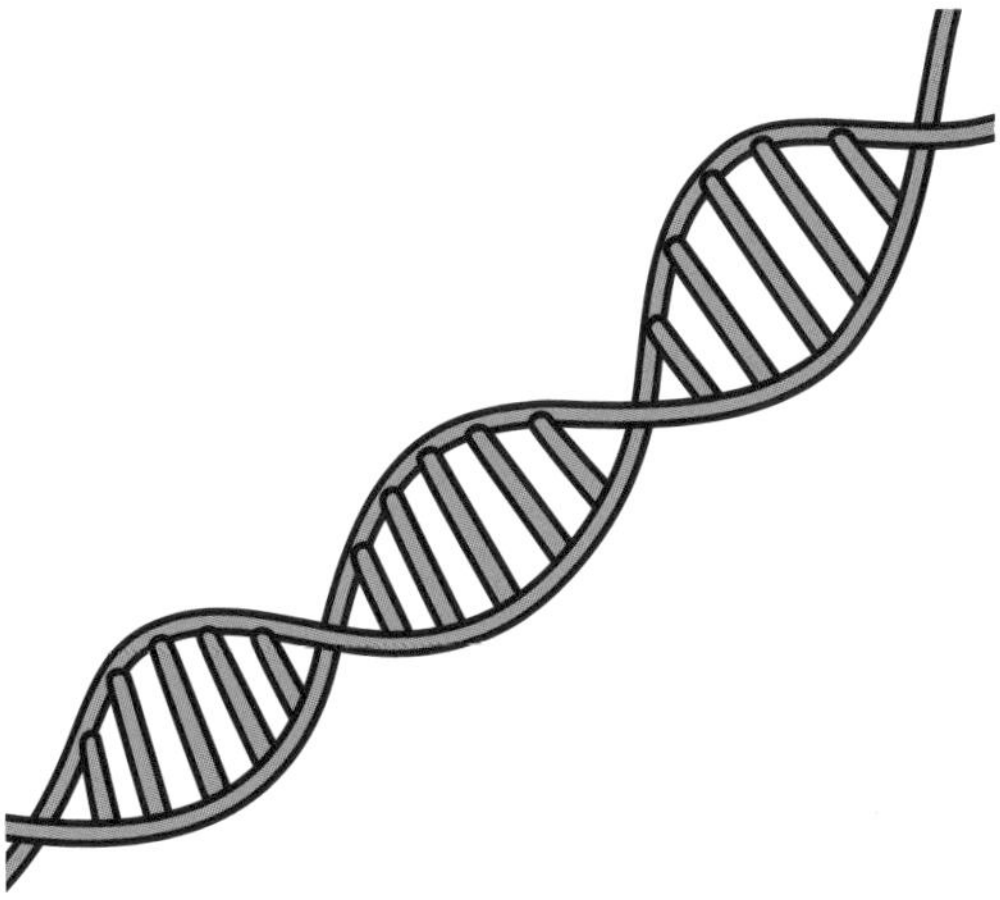

今回から手順**2**の「**傍線**《ぼうせん》**チェック**」に入るよ。がんばっていこう。

この章の最初にも確認《かくにん》したけれど、**国語の問題の多くは「傍線《ぼうせん》」が引かれていて、それに対して設問《せつもん》がついている**ね。つまり、「傍線《ぼうせん》」の内容《ないよう》について聞かれていることがほとんどなんだ。それなのに、**国語でうまく得点《とくてん》がとれない子は、「傍線《ぼうせん》」よりも「傍線《ぼうせん》の前や後ろ」のほうを大切にしがち**なんだ。それはNG！　まずは**傍線《ぼうせん》の理解《りかい》**を少しでも進めることが得点《とくてん》向上のコツだ。今回の問題はそのことがよーくわかってもらえると思うよ。では、さっそくいってみよう。

さて、設問《せつもん》の解説《かいせつ》に入る前に、ここでも「読解知識《どっかいちしき》」について触《ふ》れておこう。みんな、読むときに「段落《だんらく》」って何か意識《いしき》していることあるかな？　**段落《だんらく》の「基本的《きほんてき》な形式」**を知っておくだけでも文章を読むときの「頭の使い方」は変わってくるよ。紹介《しょうかい》しておくね。

読解知識《どっかいちしき》4　「ヨミカタ」段落《だんらく》の基本的《きほんてき》な形式

段落《だんらく》

その段落《だんらく》のテーマ（内容《ないよう》）

←←　詳《くわ》しい説明（テーマについての言い換《か》え、具体例、理由など）

まとめ

＝ 同じ内容《ないよう》

これが基本《きほん》的な形式だ。もちろん、必ずこうしなくてはならないというルールがあるわけではないので、いつもきれいに右の図のようになるわけではない。でも、段落《だんらく》のどのあたりに「大事な内《ない》容《よう》」がくるかはイメージしやすいでしょ。
ちなみに、今回の本文の段落《だんらく》はこんな感じになるね。

遺伝子＝コンピュータプログラムのようなもの……テーマ
↑
詳しい説明
↑
実は僕らはすでに、遺伝子というプログラムに支配されているのだ……まとめ

同じ内容《ないよう》

段落《だんらく》の最初と最後が対応《たいおう》していたね。結局、「遺伝子《いでんし》の支配《しはい》」について書かれた段落《だんらく》だった、ということだ。

そして、もう一つ大切なこと！　みんな作文を書いたことあるよね。そのときに段落《だんらく》を変えて書いたと思うんだ。どんなときに段落《だんらく》を変えた？　そう**「話が変わるとき」**だよね。つまり、こういうことも見えてくる。次の「読解知識《どっかいちしき》」を見てみよう。

読解知識《どっかいちしき》⑤ 「ヨミカタ」一つの段落《だんらく》＝一つのテーマ

本文
1 段落《だんらく》……テーマ（内容《ないよう》）①
話が変わる
2 段落《だんらく》……テーマ（内容《ないよう》）②
…

こんなふうに本文ができているとイメージしてみよう。そうすると、たとえ「長い文章」の理解《りかい》が苦手だとしても、**「一つの段落《だんらく》＝一つのテーマ」**と思えば、がんばって理解《りかい》しようと思えるんじゃないかな。

まずは、「一つの段落《だんらく》」の読み取りから気持ちを楽にして進めていこう。では、解説《かいせつ》に入るね。

手順1 ▼▼▼ 設問《せつもん》・条件《じょうけん》チェック

問 ――線「遺伝子というプログラムに支配されている」とありますが、どういうことですか。その説明として最も適切なものを次から選び、記号で答えなさい。

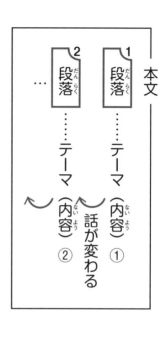

「どういうことか」の設問《せつもん》だね。どういった設問《せつもん》だったかパッと頭に出てこなかったら**問題2の読解知識《どっかいちしき》❷を再度《さいど》読み返してから**先に進もう。大丈夫《だいじょうぶ》かな？　ちなみに、今回の条件《じょうけん》は「最も適切《てきせつ》なもの」を選ぶことだね。

では、次に「**傍線《ぼうせん》チェック**」に入ろう。「遺伝子《いでんし》というプログラムに支配《しはい》されている」のどんなところに注目したかな？

手順2 ▼▼▼ 傍線《ぼうせん》チェック

遺伝子《いでんし》というプログラムに ／ 支配《しはい》されている

＝

「という」は「前後がイコール（同じ）」になるサインだ。つまり、「遺伝子《いでんし》＝プログラム」だとわかるね。これをふまえて傍線《ぼうせん》を考えてみると次のような図になるぞ。

遺伝子《いでんし》 ＝ プログラムに ／ 支配《しはい》されている

（何に）　（どうする）

この設問《せつもん》、これが理解《りかい》できているだけでグッと解《と》きやすくなるんだ。え？　マジですか？　マジです。選択肢《せんたくし》をよく読んでみよう。

ア　遺伝子の仕組みは神さまに（何に）よってコントロールされている（どうする）ということ。

イ　生物の生き方は遺伝子に（何に）よってあらかじめ決定されている（どうする）ということ。

ウ　特定の遺伝子を受け継ぐことが最初から刷り込まれている（どうする）ということ。

エ　生物はもともと利己的な存在であると思い込まされている（どうする）ということ。

アラアラ!?　**傍線《ぼうせん》と同じく、「何に」「どうする」になっている選択肢《せんたくし》**はアとイの二つだね。では、この二つを見比《みくら》べてみよう。もう一瞬《いっしゅん》で答えがわかってしまったんじゃないかな。

ア　遺伝子の仕組みは×神さまに（何に）よって○コントロールされている（どうする）ということ。

イ　生物の生き方は○遺伝子に（何に）よって○あらかじめ決定されている（どうする）ということ。

そう、**傍線《ぼうせん》の「何に」は「遺伝子《いでんし》＝プログラム」**だったね。でも**アは「神さま」になってしまっているね**。だから×。

答えは**イ**だ。

解答《かいとう》〔イ〕

みんなはどんなふうに解《と》いたかな？ もしかすると何度も本文や選択肢《せんたくし》を読み返してしまったかもしれないね。たしかに何度も読み返していくことで理解《りかい》が進むことはあるけれど、**時間制限《せいげん》のある入試問題でやってしまうと時間切れ**になってしまうぞ。だから、**おさえるべきポイントをおさえることが大切**なんだ。

ちなみに、こういった話をすると「傍線《ぼうせん》だけ読めれば解《と》けるんだ！」と思ってしまう人がいるかもしれないね。この本はそんなインチキは勧《すす》めていないぞ。**本文も読むし、傍線《ぼうせん》も読むし、設問《せつもん》・条件《じょうけん》も読むし、選択肢《せんたくし》も読む**。でも、適当《てきとう》にその場のノリとリズムで読むのではなく**「頭を使って読み解《と》く」**ことを目指しているんだ。その部分を前作よりも丁寧《ていねい》に書いていくからね。ヨ・ロ・シ・ク！

問題5 「接続表現《せつぞくひょうげん》（指示語《しじ》）に注意せよ①」

（日本大学豊山中学校《にほんだいがくぶざんちゅうがっこう》・一部抜粋《ばっすい》）

記憶は人間にしかできない。大事なことを覚えておいて、必要なときに、思い出し、引き出してくるというのは、ただ人間のみできることである。ずっとそう考えられてきた。その能力をすこしでも多くもっているのは、〝優秀《ゆうしゅう》〟な人間とされた。教育機関が、そういう人間の育成に力を注ぐのは当然の責務である。

（外山滋比古《とやましげひこ》『思考の整理学』）

問 ――線「そういう人間」とありますが、どのような人間のことですか。説明しなさい。

解答欄《かいとうらん》

手順1 設問《せつもん》・条件《じょうけん》チェック
手順2 傍《ぼう》線《せん》チェック
手順3 一文チェック
手順4 前後文チェック
手順5 同内容チェック

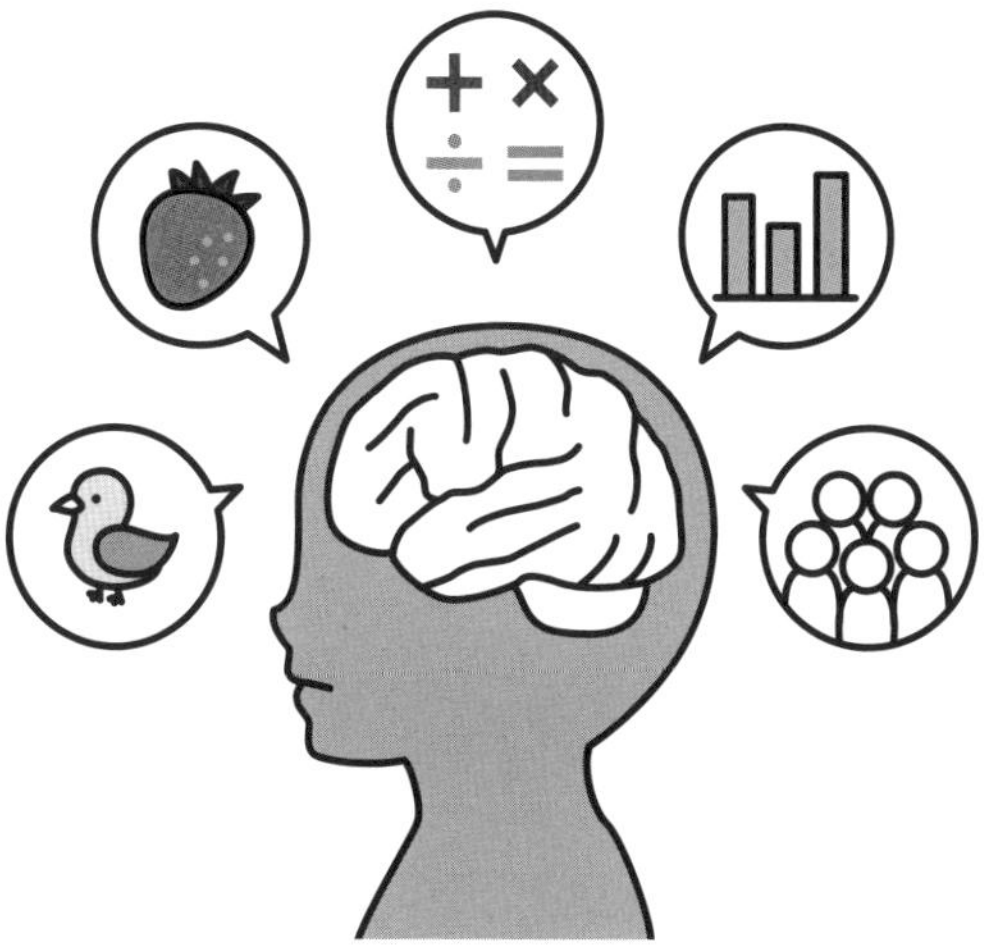

今回の「**傍線**《ぼうせん》**チェック**」は「**傍線**《ぼうせん》**の中に指示語**《しじ》**がある**」パターンだ。この指示語《しじ》というもの、実はやっかい……。とにかく「**前を探**《さが》**しがち**」。

もちろん「指示内容《しじないよう》は前にあるから前を探《さが》す」は大切なこと。でもそれだけでない、ちょっとしたコツをここで一緒《いっしょ》に考えてみよう。

すごく簡単《かんたん》なクイズだ。

テーブルの上にはトランプのダイヤのエースとスペードのエースがある。それは、赤色をしている。

さて、それじゃあ問題。「それ」が指しているものは何ですか?

せんせー、さすがにナメすぎですよ、という声が聞こえてきそう。そう、答えは「ダイヤのエース」だね。

では、もう一題。

テーブルの上にはトランプのダイヤのエースとスペードのエースがある。それは、黒色をしている。

これだと、答えはどうなるかな? そう、「スペードのエース」だね。これで、指示語《しじ》の特徴《とくちょう》が見えてきたね。そう、**「指示語《しじ》は下に続く言葉が重要」**ということなんだ。これを意識《いしき》しているかどうかで探《さが》し方や精度《せいど》もグッと変わってくるよ。まとめておこう。

読解知識《どっかいちしき》❻ 「トキカタ」指示語《しじ》の探《さが》し方

❶ 下に続く言葉をチェックする

❷ ❶とうまくマッチする言葉を「前→後」の順で探《さが》す

今回の問題5はそこまで気を使わなくても解《と》けるやさしいものだけど、実際《じっさい》に意識《いしき》しながらやってみよう。まずは手順1から。

手順1 ▼▼▼ 設問《せつもん》・条件《じょうけん》チェック

問 ——線「そういう人間」とありますが、どのような人間のことですか。説明しなさい。

「どのような」とあるから**「傍線《ぼうせん》を説明し直す」**設問《せつもん》だね。そのまま手順2に入ろう。「**傍線《ぼうせん》チェック**」だ。

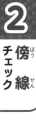

手順2 ▼▼▼ 傍《ぼう》線《せん》チェック

そういう人間

「そういう」という指示語《しじ》の下に「人間」とあるので、当然「人間」についての内容《ないよう》だ。そのことを意識《いしき》してまずは前にいってみよう。

すると、直前に「〝優秀《ゆうしゅう》〟な人間」とある。せんせー、ここが答えですか、という声が聞こえてきそう。

たしかに、間違《まちが》いではないよね。でもそれだけだと**「どんな優秀《ゆうしゅう》な人間か」がまだわからないよ**ね。そこでもう少し広く読んでみると、「その能力《のうりょく》をすこしでも多くもっているのは、〝優秀《ゆうしゅう》〟な人間とされた」とあるので、「その能力《のうりょく》」がどのようなものか説明できれば、「優秀《ゆうしゅう》」の中身が説明できそうだ。話の流れをまとめるとこんなふうになるね。

記憶は人間にしかできない。大事なことを覚えておいて、必要なときに、思い出し、引き出してくるというのは、ただ人間のみできることである。ずっとそう考えられてきた。その能力をすこしでも多くもっているのは、〝優秀〟な人間とされた。教育機関が、そういう人間の育成に力を注ぐのは当然の責務である。

つまり、**「大事なことを覚えておいて、必要なときに、思い出し、引き出してくる」という「能《のう》力《りょく》をすこしでも多くもっている」のが「〝優秀《ゆうしゅう》〟な人間」**だということだ。これで「そのような人間」の中身がわかったね。まとめると次のような解答例《かいとうれい》になるよ。

解答例《かいとうれい》

大事なことを覚えておいて、必要なときに思い出し、引き出す能力《のうりょく》をすこしでも多くもっている人間。

さて、みんなの答えはどうだったかな。解答例《かいとうれい》と見比《みくら》べてみよう。

あ、最後に補足《ほそく》をしておかなくてはいけないことがあるんだ。本文で「〝優秀《ゆうしゅう》〟」となっているところがあったね。こうやってわざわざ「〝　〟」がついているときには**特別な意味**があることがほとんどなんだ。だから、そのまま記述《きじゅつ》に使わないことのほうが多いかな。

今回の文章は、問題に出なかった部分をふくめると「コンピュータと人間」を対比《たい ひ》する話なんだ。覚えることはコンピュータのほうが得意《とくい》なのは当たり前のことだよね。だから、コンピュータの出現《しゅつげん》によって**「人間がもっていた〝優秀《ゆうしゅう》〟な能力《のうりょく》」は「優秀《ゆうしゅう》なものではなくなった」**ということが語られるんだ。これで気づいたかな？　**筆者は「大事なことを覚えておいて、必要なときに思い出し、引き出す能力《のうりょく》をすこしでも多くもっている人間」のことを「〝優秀《ゆうしゅう》〟」だとは思っていない、ということ**だ。そういったこともあって、解答例《かいとうれい》でも「優秀《ゆうしゅう》」という言葉を使うのはさけておいたんだ。こういった記号の使われ方も、知っておこうね。

ワンポイント

「〝　〟」

「〝　〟」は
①セリフ
②引用
③強調
④別の意味
で使われることが多いね。

問題6 「接続表現《せつぞくひょうげん》（指示語《しじ》）に注意せよ②」

（成城学園中学校《せいじょうがくえんちゅうがっこう》・一部抜粋《ばっすい》）

言葉というのは不思議なもので、自分の中に十分にたまって、いわば器《うつわ》からあふれるほどになれば、あとは自然と、口からすらすら出てくるだけ、という状態になるものです。あるいは、文章としてどんどん紡《つむ》がれていくだけ、というような状態に。

それまでは上手にしゃべれなかった大学生が、読書を積むことで、1〜2年後には見違えるほどの言葉の使い手になった例を、わたしはたくさん見てきました。

もちろん、吃音《きつおん》やディスレクシア（読み書き障がい）など、言葉に関する障がいを持つ人も大勢いますから、このことを過度に一般化《いっぱんか》してはなりません（一般化のワナですね）。

（苫野《とまの》一徳《いっとく》『未来のきみを変える読書術　なぜ本を読むのか？』）

問　――線「このことを過度に一般化してはなりません」とはどういうことですか。筆者の主張を一文にまとめて説明しなさい。ただし、次の二つの条件を満たして答えること。

1．「このこと」が指す内容を明らかにすること。

2．「言葉に関する障がいを持つ人」という言葉を必ず用いること。

手順1 設問《せつもん》・条件《じょうけん》チェック
手順2 傍《ぼう》線《せん》チェック
手順3 一文チェック
手順4 前後文チェック
手順5 同内容《どうないよう》チェック

解《かい》答《とう》欄《らん》

さて、今回も「指示語《しじ》」に関する設問《せつもん》だ。でも、問題5より少し難《むずか》しかったんじゃないかな。どうだったかな?

でも、**大切なことは「本文や問題が変わってもやることは同じ」ということだ**。がんばっていこう。

まずは**手順1**からだったね。

手順1 ▼▼▼ 設問《せつもん》・条件《じょうけん》チェック

問 ——線「このことを過度に一般化してはなりません」とはどういうことですか。筆者の主張を一文にまとめて説明しなさい。ただし、次の二つの条件を満たして答えること。

1.「このこと」が指す内容を明らかにすること。

2.「言葉に関する障がいを持つ人」という言葉を必ず用いること。

条件《じょうけん》が多い設問《せつもん》だね。こうやってルールが多いと動きづらさを感じてしまうかもしれないけれど、**ルールが多い=ヒントも多い**ということでもあるからね。ひとつひとつの条件《じょうけん》をありがたく**有《ゆう》効《こう》活用していこう**。

次に「**傍線《ぼうせん》チェック**」に入ろう。

手順2 ▼▼▼ 傍線《ぼうせん》チェック

> このことを過度に一般化《いっぱんか》してはなりません

どうやら「このこと」というのは**筆者にとってはよくないこと**みたいだね。だって「**～してはなりません**」という言い方になっているからね。

ちなみに「**一般化《いっぱんか》**」**という言葉**は知っているかな？　パッと意味が出てきたらすごいね。簡単《かんたん》にいうと「**全体にあてはまること**」だよ。どうやら、「**このこと**」を「**全体にあてはめて考えてはいけない**」みたいだ。じゃあ、「このこと」ってどんなことだろうか。

「**設問《せつもん》・条件《じょうけん》チェック**」**で条件《じょうけん》をよくつかんでいる人は対比《たいひ》がヒントになった**んじゃないかな。

あ！　そういうことか！　そういうことだよ。

「**言葉に関する障《しょう》がいを持つ人**」**という言葉を用いて**解答《かいとう》を作成するんだったよね。「障《しょう》がい」は「全員」にあてはまるもの？　それとも「一部の人」にあてはまるもの？　そう、**一部**だよね。

これで対比《たいひ》が見えた。本文をもう一度見てみよう。

言葉というのは不思議なもので、自分の中に十分にたまって、いわば器《うつわ》からあふれるほどになれば、あとは自然と、口からすらすら出てくるだけ、という状態になるものです。あるいは、文章としてどんどん紡《つむ》がれていくだけ、というような状態に。

それまでは上手にしゃべれなかった大学生が、読書を積むことで、1～2年後には見違えるほどの言葉の使い手になった例を、わたしはたくさん見てきました。

もちろん、吃音《きつおん》やディスレクシア（読み書き障がい）など、言葉に関する障がいを持つ人も大勢いますから、このことを過度に一般化《いっぱんか》してはなりません（一般化のワナですね）。

まだ少しわかりにくいかな？　では、「このこと」を中心に次のようにシンプルにまとめてみよう。

自分の中に十分たまる ↓ 口から出る状態・文章として紡がれる状態

＝

読書経験《けいけん》を積む ↓ 見違えるほどの言葉の使い手

＝

このこと

というふうになるよね。ここまでは大丈夫《だいじょうぶ》かな？

ワンポイント

「あるいは」

仲間の言葉には「または」や「もしくは」があるかな。

たとえば、「明日の買いものはたくさん買うものがあるので、自転車あるいは車で行くつもりだ」なんていうふうに使われる。「どちらかを選ぶ」という意味だね。

これにさっきの対比《たいひ》を入れてみると次のようになる。

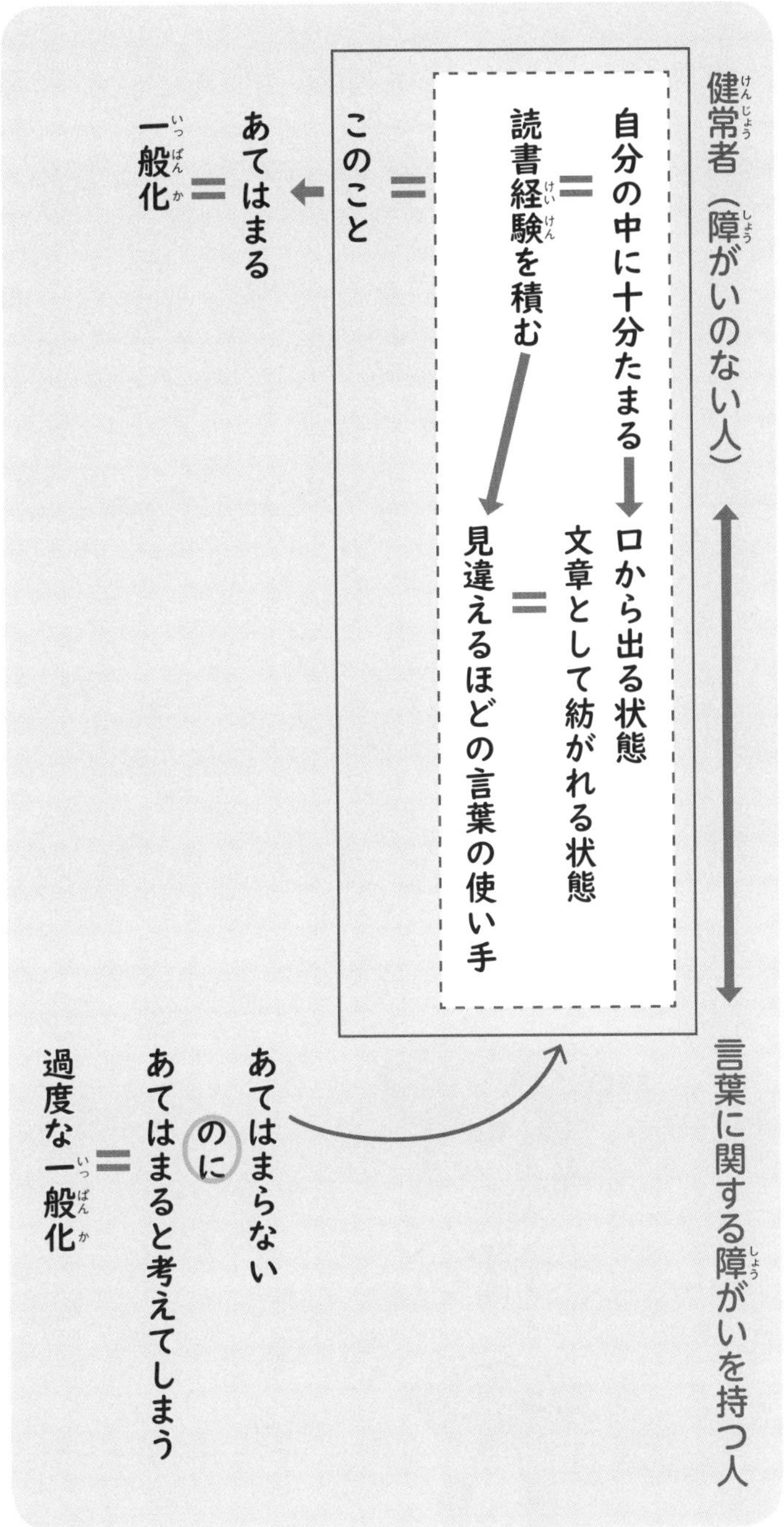

つまり、「読書経験《けいけん》」によって「言葉の使い方が上手になる」のは「全員にあてはまること」ではなく、「障《しょう》がいのない人」にあてはまることだ、という内容《ないよう》がわかるね。それなのに、「全員にあてはまること」として考えてしまうのは「行きすぎた一般《いっぱん》化《か》」といえるね。

では、解答例《かいとうれい》をまとめておこう。

解答例《かいとうれい》

読書をすると見違《みちが》えるほどの言葉の使い手になるということは、言葉に関する障《しょう》がいを持つ人も大勢《おおぜい》いるので、全員にあてはめてはいけないということ。

どうだったかな。問題5と6は、「傍線《ぼうせん》の中に指示語《しじ》がある」パターンだったよ。よく復習《ふくしゅう》しておこう！

問題7 「接続《せつぞく》表現《ひょうげん》（接続《せつぞく》語）に注意せよ①」

（愛知淑徳中学校《あいちしゅくとくちゅうがっこう》・一部抜粋《ばっすい》）

けれども、戦前に育ったということは、しかたがないもので、私も、ひとから何かたのまれれば、「わかりました」とはけっしていえない。相手が年上か、儀礼をつくす場合は、「かしこまりました」というだろうし、でない時は「承知いたしました」というだろう。（ついでにいうと、「いたす」ということばは、なんて微《び》妙《みょう》で、おもしろいことばだろう。私はすきである。）べつに、そうと規則できめているわけではないけれど、自然にそういう返事が、出てくるだろうと思う。

くどいようだけれど、戦前に育って、そういう固定観念ができてしまっているということはしかたがないもので、若い人にものをたのんで、「わかりました」と答えられると、「ブー」と鳴ることを期待していた汽笛が、「キー」と鳴ったようなびっくりさは感じる。

でも、まだ私は、「わかりました」をわるいとは断じない。わるいか、いいか、まだ答えがでないのだと思っている。「わかりました」は、わけのわかったことばだし、これから先、日本人が、しんぼうづよくこれにみがきをかければ、いい返事になるかもしれないではないか。

（石井桃子『みがけば光る』）

問 ――線とあるが、筆者はどのように考えているのか。最も適切なものを次から一つ選びなさい。

ア 「わかりました」は、個人的にはすきではないが、よく考えて使っていけば返事としてふさわしいことばになっていくだろう。

イ「わかりました」は、「かしこまりました」などに比べてわかりやすいことばであるから、今後は良い返事として認めたい。

ウ「わかりました」は、戦前の人間には違和感《いわかん》のある返事だが、これからの日本人はそのような固定観念にとらわれてはいけない。

エ「わかりました」は、わるいことばというわけではないが、年上の相手を驚《おどろ》かせてしまうのでよいことばだとは決していえない。

解答欄《かいとうらん》

問題5・6は「傍《ぼう》線《せん》の中に指《し》示《じ》語《ご》がある」パターンだったね。今回からは**「傍《ぼう》線《せん》の中に接《せつ》続《ぞく》語《ご》がある」パターン**だ。「接《せつ》続《ぞく》語《ご》」について簡《かん》単《たん》にまとめておこう。

読《どっ》解《かい》知《ち》識《しき》⑦　**「ヨミカタ」接《せつ》続《ぞく》語《ご》（接《せつ》続《ぞく》表《ひょう》現《げん》）リスト**

- 「イコール」…つまり・すなわち・要するに・たとえば
- 「対《たい》比《ひ》／反対」…しかし・けれども・だが・〜は
- 「理由→結果」…だから・それゆえ・ゆえに・したがって
- 「結果→理由」…なぜなら・というのは
- 「並《へい》立《りつ》／並《へい》列《れつ》」…また・同時に・かつ・および
- 「添《てん》加《か》／累《るい》加《か》」…さらに・しかも・そのうえ

簡《かん》単《たん》にまとめてみたよ。**「接《せつ》続《ぞく》語」は前後のつながりを把《は》握《あく》するうえでとても役立つ**からね。ここに出ている言葉くらいはパッと出てくるようにしておこう。くわしく学んでみたい人は『小学校の国語 学習塾《じゅく》トップ講《こう》師《し》がすすめる **読《どっ》解《かい》力《りょく》アップ直結問題集**』（実《じつ》務《む》教《きょう》育《いく》出《しゅっ》版《ぱん》）を手にとってみてね。

では、解《かい》説《せつ》に入ろう。まずは、**手順1**。

手順1 ▼▼▼ 設問《せつもん》・条件《じょうけん》チェック

問 ——線とあるが、筆者はどのように考えているのか。最も適切なものを次から一つ選びなさい。

筆者の考えを聞いている設問《せつもん》だ。次に「**傍線《ぼうせん》チェック**」に入ろう。

手順2 ▼▼▼ 傍線《ぼうせん》チェック

でも、まだ私は、「わかりました」をわるいとは断じない

「でも」と**「は」が重要なヒント**になるね。だって、これは**「対比《たいひ》」のサイン**だからね。「私《わたし》」と対比《たいひ》されている内容《ないよう》がヒントになりそうだ。対比《たいひ》を意識《いしき》しながら、本文を整理してみよう。

けれども、戦前に育ったということは、しかたがないもので、私も、ひとから何かたのまれれば、「わかりました」とはけっしていえない。相手が年上か、儀礼をつくす場合は、「かしこ

まりました」というだろうし、でない時は「承知いたしました」というだろう。（ついでにいうと、「いたす」ということばは、なんて微妙《びみょう》で、おもしろいことばだろう。私はすきである。）べつに、そうと規則できめているわけではないけれど、自然にそういう返事が、出てくるだろうと思う。

くどいようだけれど、戦前に育って、そういう固定観念ができてしまっているということはしかたがないもので、若い人にものをたのんで、「わかりました」と答えられると、「ブー」と鳴ることを期待していた汽笛が、「キー」と鳴ったようなびっくりさは感じる。

でも、まだ私は、「わかりました」をわるいとは断じない。わるいか、いいか、まだ答えがでないのだと思っている。「わかりました」は、わけのわかったことばだし、これから先、日本人が、しんぼうづよくこれにみがきをかければ、いい返事になるかもしれないではないか。

さて、何と何が比《くら》べられているか気づいたかな？　そう、**「世の中」**と**「筆者」**だ。それぞれの内容《ないよう》をまとめると、こんな感じだね。

世の中（戦前） ⟷ **筆者（私《わたし》）**

× **わかりました** ＝ **びっくりさ**　**わるいとは断じない**

○ **かしこまりました**　＝ **いい返事になる**　**かもしれない**

では、この内容《ないよう》にふさわしい選択肢《せんたくし》を選んでいこう。そうそう。選択肢《せんたくし》の選《えら》び方をここで確認《かくにん》しておこう。

読解知識《どっかいちしき》⑧　「トキカタ」照らし合わせ

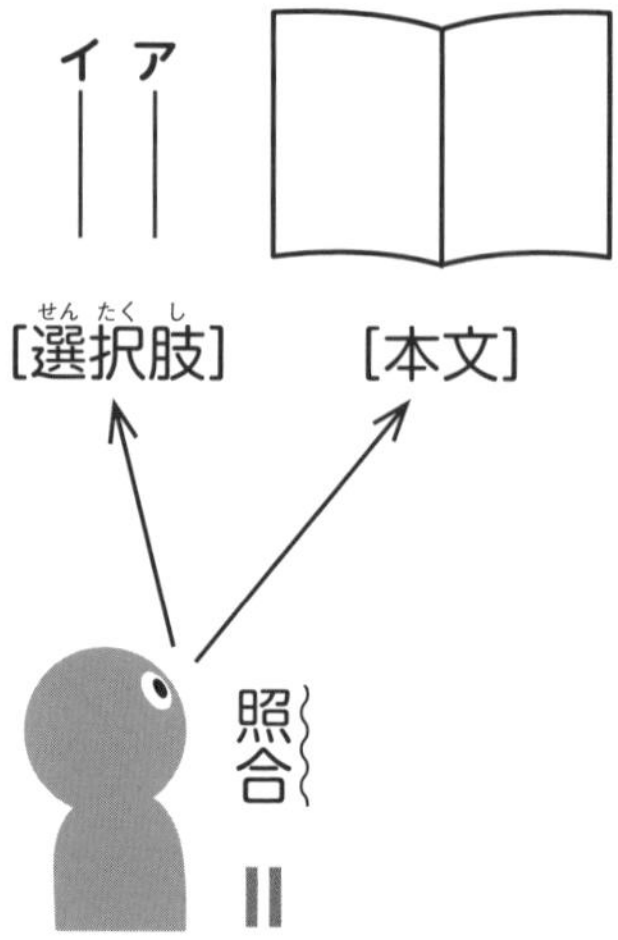

照合＝照らし合わせが重要

選択肢《せんたくし》の内容《ないよう》・言葉に注目して本文と照らし合わせることが、正答率《せいとうりつ》アップの第一歩。そうそう！「先に選択肢《せんたくし》を読む」なんてしないようにね。「本文」→「設問《せつもん》」→「解答《かいとう》のイメージ・骨組《ほねぐ》みの作成」→「選択肢《せんたくし》と本文を照らし合わせて最終確認《かくにん》」へ、というふうに進めていこう。

ア　「わかりました」は、○個人的にはすきではないが、○よく考えて使っていけば返事としてふさわしいことばになっていくだろう。

×イ　「わかりました」は、×「かしこまりました」などに比べてわかりやすいことばであるから、今後は良い返事として認めたい。

ウ「わかりました」は、○戦前の人間には違和感《いわかん》のある返事だが、×これからの日本人はそのような固定観念にとらわれてはいけない。
エ「わかりました」は、○わるいことばというわけではないが、×年上の相手を驚《おどろ》かせてしまうのでよいことばだとは決していえない。

では、改めて解説《かいせつ》に進もう。答えは**ア**だね。**イ**は前半も後半も×だ。**「かしこまりました」と「わかりました」を比《くら》べているわけではない**し、「今後は良い返事として認《みと》めたい」も大きな誤《あやま》りだ。**筆者は「良いか悪いか今の時点ではわからない」という考え**だからね。
ウは後半が×。「固定観念にとらわれてはいけない」という考えは書かれていない。
エも後半からが×。**「よいことばだとは決していえない」と言い切っている立場ではなかった**ね。あくまでも「良いか悪いか今の時点ではわからない」という立場だ。また、「よいことばだとは決していえない」理由として「年上の相手を驚《おどろ》かせてしまうので」というのも×だ。それは筆者自身が「わかりました」と答えられたときに感じている「びっくりさ」のことであって、「よいことばだとはいえない」理由ではないね。

解《かい》答《とう》〔ア〕

問題8 「接《せつ》続《ぞく》表《ひょう》現《げん》（接《せつ》続《ぞく》語）に注意せよ②」

（日《に》本《ほん》大《だい》学《がく》豊《ぶ》山《ざん》中《ちゅう》学《がっ》校《こう》・一部抜《ばっ》粋《すい》）

国語や数学などの主要科目以外にも、音楽や美術の授業があるでしょう。ヨーロッパの美術館へ行ってみると、中学校や高校の美術の教科書で見た覚えのある絵に出会います。有名な絵のタイトルや描《えが》いた画家の名前は教科書で見ていたから割と覚えているものです。さらに、ゴッホは後期印象派だとか、ピカソは※キュビズムを始めた人だとか、ヨーロッパの人とそういう話をできるのは、学校で美術教育を受けたからです。美術は一部の学校を除けば受験科目でないことが多いのですが、世界の人と交わるにはとても大切な科目です。

<u>音楽だってそうなのです。</u>できれば、作曲家の名前を知るだけでなく、「モーツァルトの交《こう》響《きょう》曲《きょく》は何番が好き？」と聞かれたら、迷わず答えられるくらいだといいですね。

（池《いけ》上《がみ》彰《あきら》『なぜ世界を知るべきなのか』）

※キュビズム…立体主義。20世紀初頭におこった近代美術の革新運動、およびその手法。

問 ――線「音楽だってそうなのです」とありますが、どういうことですか。最もふさわしいものを次から選び、記号で答えなさい。

ア 音楽は主要科目と同じように、日本人としてしっかり勉強するべき科目であり、一部の学校の受験科目ともなることから、ゆくゆくは世界の人と交わることを想像しながら学ぶ科目だということ。

イ 音楽は美術で有名な画家をすぐに答えられるのと同様に、有名な作曲家や好きな楽曲を答えられるだけの知識を備えることが重要な科目であり、受験科目よりも人生において大切だということ。

ウ 音楽は日本の学校教育のレベルの高さを表す科目の一つであり、外国では、その時代や格差の広がりなどを表すことができる点において、どの国においても学ぶことが必要とされる科目であるということ。

エ　音楽は美術と同様に、世界の文化に触れることができる授業であり、大人になって世界中の人と付き合うようになったときに会話を弾ませたり、信頼関係を築いたりするのに役立つということ。

解《かい》答《とう》欄《らん》

今回も選択《せんたく》肢《し》の設問《せつもん》だ。でも、問題7より長い選択《せんたく》肢《し》だったから解《と》くことに苦労した人もいるかもしれないね。

選択肢《せんたくし》の設問《せつもん》のコツは「敵《てき》を知る」ということだ。いってしまえば、**「トラップ（＝落とし穴《あな》）」を意識《いしき》しておく**ということだ。

だれだって、「目の前に落とし穴《あな》がある」とわかっていればそれをさけて通るはずだ。わざわざハマりに行く人はいない。

そこで、今回の設問《せつもん》では「読解知識《どっかいちしき》」として選択《せんたく》肢《し》のトラップについてまとめておきたい。

読解知識《どっかいちしき》⑨ 「トキカタ」選択《せんたく》肢《し》のトラップ

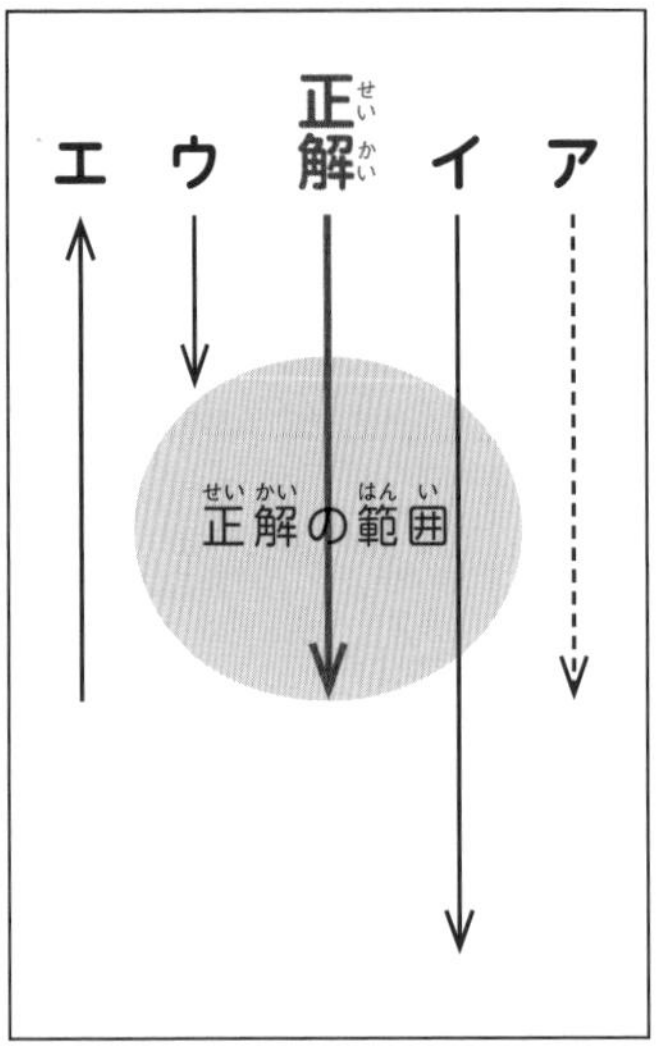

※選択《せんたく》肢《し》のトラップのイメージ

ア 本文の内容《ないよう》にない
イ 言いすぎている
ウ 内容《ないよう》が足りない
エ 反対の内容《ないよう》になっている

簡単《かんたん》な例題

今日は六時に起きて、朝ご飯にパンとサラダを食べた。

Q「今日の朝ご飯は?」

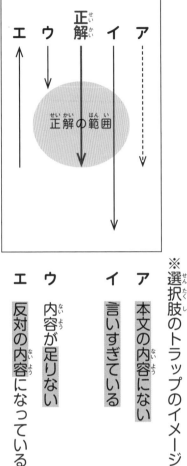

ア ヨーグルトを食べた
イ いつもパンとサラダだけを食べている
ウ サラダを食べた
エ 食べていない
オ サラダとパンを食べた

答えはもちろん、**オ**だね。**ア**～**エ**は図の矢印に対応《たいおう》しているよ。**ア**は本文にないし、**イ**は言いすぎている。**ウ**は内容《ないよう》が足りないし、**エ**は反対の内容《ないよう》だ。
もちろんもっと複雑《ふくざつ》なタイプもあるんだけど、まずはこれだけはおさえておこう。

この**ア**～**エ**を区別できるよう、選択肢《せんたくし》を処理《しょり》していこう。でも、**その前にまずは本文の理解《りかい》が重要だよ。**
では、本文の解説《かいせつ》にいこう。まずはいつもの手順からだ。

手順1 ▼▼▼ 設問《せつもん》・条件《じょうけん》チェック

問 ——線「音楽だってそうなのです」とありますが、どういうことですか。最もふさわしいものを次から選び、記号で答えなさい。

「傍《ぼう》線《せん》を説明し直す」設問《せつもん》だということがわかった。次に「傍《ぼう》線《せん》チェック」に入ろう。

手順2 ▼▼▼ 傍《ぼう》線《せん》チェック

音楽だってそうなのです

ここで**重要なのは「だって」という言葉**。これは**「も」と同じ働き**なんだ。そう、「も」というのは**内容《ないよう》を並《なら》べる言葉**だったね。つまり、「音楽だってそうなのです」ということは、**「音楽」と「何か」に「そう」という共通点がある**ことなんだ。では、本文を見てみよう。

国語や数学などの主要科目以外にも、音楽や美術の授業があるでしょう。ヨーロッパの美術館へ行ってみると、中学校や高校の美術の教科書で見た覚えのある絵に出会います。有名な絵のタイトルや描《えが》いた画家の名前は教科書で見ていたから割と覚えているものです。さらに、ゴッホは後期印象派だとか、ピカソはキュビズムを始めた人だとか、ヨーロッパの人とそういう話をできるのは、学校で美術教育を受けたからです。美術は一部の学校を除けば受験科目でないことが多いのですが、世界の人と交わるにはとても大切な科目です。音楽だってそうなのです。できれば、作曲家の名前を知るだけでなく、「モーツァルトの交響《こうきょう》曲《きょく》は何番が好き？」と聞かれたら、迷わず答えられるくらいだといいですね。

ワンポイント

「も」

・私《わたし》はサッカーが好きだ。

・私《わたし》もサッカーが好きだ。

「は」と「も」のちがいだけど、意味はちがうよね。「私《わたし》も」だと「私《わたし》の他に」サッカーが好きな人がいることがわかる。この読みとり、結構《けっこう》大切だよ。

「音楽」と並《なら》べられているのは「美術《びじゅつ》」だったね。その**共通点は「世界の人と交わるにはとても大切な科目」**というところだ。

大丈夫《だいじょうぶ》かな？　では、選択肢《せんたくし》を見てみよう。

ア✕ 音楽は主要科目と同じように、日本人としてしっかり勉強するべき科目であり、一部の学校の受験科目ともなることから、ゆくゆくは世界の人と交わることを想像しながら学ぶ科目だということ。

イ○ 音楽は美術で有名な画家をすぐに答えられるのと同様に、有名な作曲家や好きな楽曲を答えられるだけの知識を備えることが重要な科目であり、✕受験科目よりも人生において大切だということ。

ウ✕ 音楽は日本の学校教育のレベルの高さを表す科目の一つであり、外国では、その時代や格差の広がりなどを表すことができる点において、どの国においても学ぶことが必要とされる科目であるということ。

エ○ 音楽は美術と同様に、世界の文化に触れることができる授業であり、大人になって○世界中の人と付き合うようになったときに会話を弾ませたり、信頼関係を築いたりするのに役立つということ。

まず、ウは×。これは**「音楽」との共通点である「美術《びじゅつ》」が出てきていない。本文とは無関係な**

内容《ないよう》だ。さっきの図だと**ア**の矢印だね。こういったものを選んでいるうちは国語の成績《せいせき》はあがりにくいよ。

次に、**ア**も×。**「音楽」と「主要科目」に共通点がある**ように書かれている。これも**本文とは無関係の内容**《ないよう》だ。

イと**エ**はいずれも「音楽」と「美術《びじゅつ》」になっている。でも**イ**の後半をよく見てみよう。「受験科目よりも人生において大切だということ」という内容《ないよう》はどこかにあったかな？　こんな対比《たいひ》、**出てきていない**よね。実はこれも**本文とは無関係の内容**《ないよう》だ。よって答えは**エ**だ。

解答《かいとう》〔エ〕

さて、これで「**傍線**《ぼうせん》**チェック**」はおしまいだ。お疲《つか》れさま！　**「やっておしまい」ではなく、よく復習**《ふくしゅう》**しておいてね**！

次からは「**一文チェック**」だ。

正解《せいかい》を導《みちび》くアプローチ

5つの手順

- ☑ 手順1 設問《せつもん》・条件《じょうけん》チェック
- ☑ 手順2 傍線《ぼうせん》チェック
- ☑ 手順3 一文チェック
- ☐ 手順4 前後文チェック
- ☐ 手順5 同内容《どうないよう》チェック

何を意識《いしき》するか考えながら進めよう。今回は手順3までを意識《いしき》することで解《と》ける問題です。

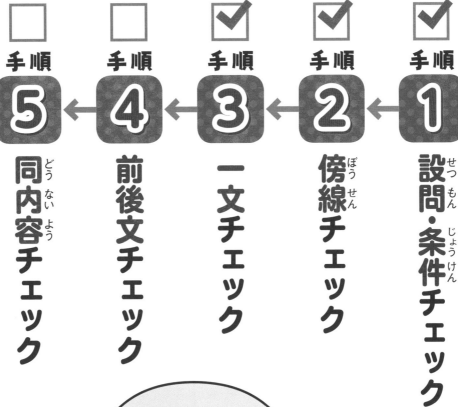

プロローグ

今回は「**傍線《ぼうせん》チェック**」で解《と》けない場合だよね？

そうだね。「**傍線《ぼうせん》チェック**」では、「**傍線《ぼうせん》**」**自体の意味だったり、「傍線《ぼうせん》」の中に指示《しじ》語や接続《せつぞく》語があったり、というところが解答《かいとう》の糸口**になったんだったね。

じゃあ、糸口がない場合は？

その答えはカンタン。「**読む範囲《はんい》を広げる**」ことだね。

読む範囲《はんい》を広げる？

そう。特に「**傍線《ぼうせん》**」が「**文の途中《とちゅう》**」に引かれている場合は注意が必要かな。**解《と》きにくくするために「ヒントを隠《かく》している」**かもしれないね。こんなイメージだ。

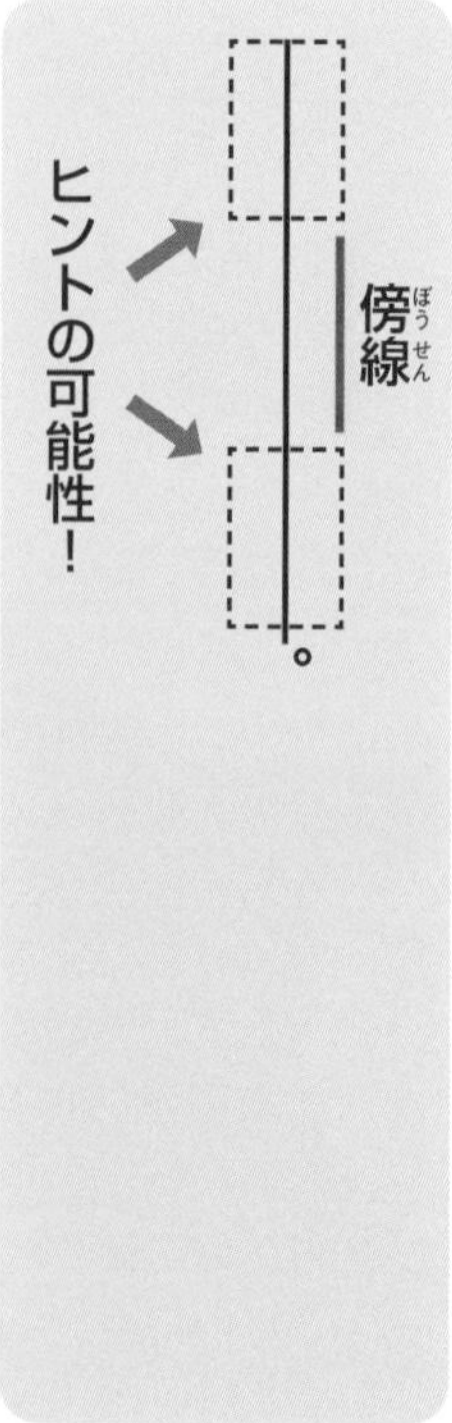

なるほどー。

解《と》きにくくするために「文の途中《とちゅう》」にしているってことは、逆《ぎゃく》にいうと、「長く」すれば解《と》きやすくなるってことだよね。

そうそう。ということで、「**傍線《ぼうせん》チェック**」で解《と》けなかったり解《と》きにくかったりするときは、「**傍線《ぼうせん》をふくんでいる一文**」で内容《ないよう》を確認《かくにん》してみよう。これが「**一文チェック**」だ。ヒロくん、大丈夫《だいじょうぶ》かな？

大丈夫《だいじょうぶ》！

「**一文チェック**」、大事だよね。

今回は、「**傍線《ぼうせん》チェック**」でもやったように、「指示語《しじご》」や「接続語《せつぞくご》」がヒントになる場合や、「一文」にすることで傍線《ぼうせん》の内容《ないよう》が理解《りかい》できるものを扱《あつか》うよ。

おお！

楽しみだね。

ちなみに、空欄《くうらん》をうめる問題も「一文チェック」がポイントになることが多いよ。

それもちろんやるよね？

モチロン！

では、入試問題いってみよ～！

問題9 「一文への深い愛」（京都《きょう》都《と》女《じょ》子《し》中《ちゅう》学《がっ》校《こう》・一部抜《ばっ》粋《すい》）

このように、互いに強い関係にある「遺伝」と「多様性」を統一的に研究する分野が「遺伝学」と言われる科学分野です。日本語では「遺伝」と「遺伝学」に同じような文字を使っているので、遺伝学は「遺伝」だけを研究、教育するように誤解する人が多いのですが、英語では明確に区別されています。

（鎌谷直之『オンリーワン・ゲノム 今こそ「遺伝と多様性」を知ろう』）

問 ――線「『遺伝学』と言われる科学分野です」とありますが、遺伝学とはどのような科学分野ですか。その説明として最も適当なものを、次の**ア**～**エ**の中から一つ選び、記号で答えなさい。

ア 遺伝学は「遺伝」と「多様性」を合わせて取りあつかう科学分野である。
イ 遺伝学は「遺伝」と「多様性」を明確に区別して定義する科学分野である。
ウ 遺伝学は「生物学」や「医学」など、生命につながる科学分野である。
エ 遺伝学は生存力の強い種を生み出すことを目的とする科学分野である。

解《かい》答《とう》欄《らん》

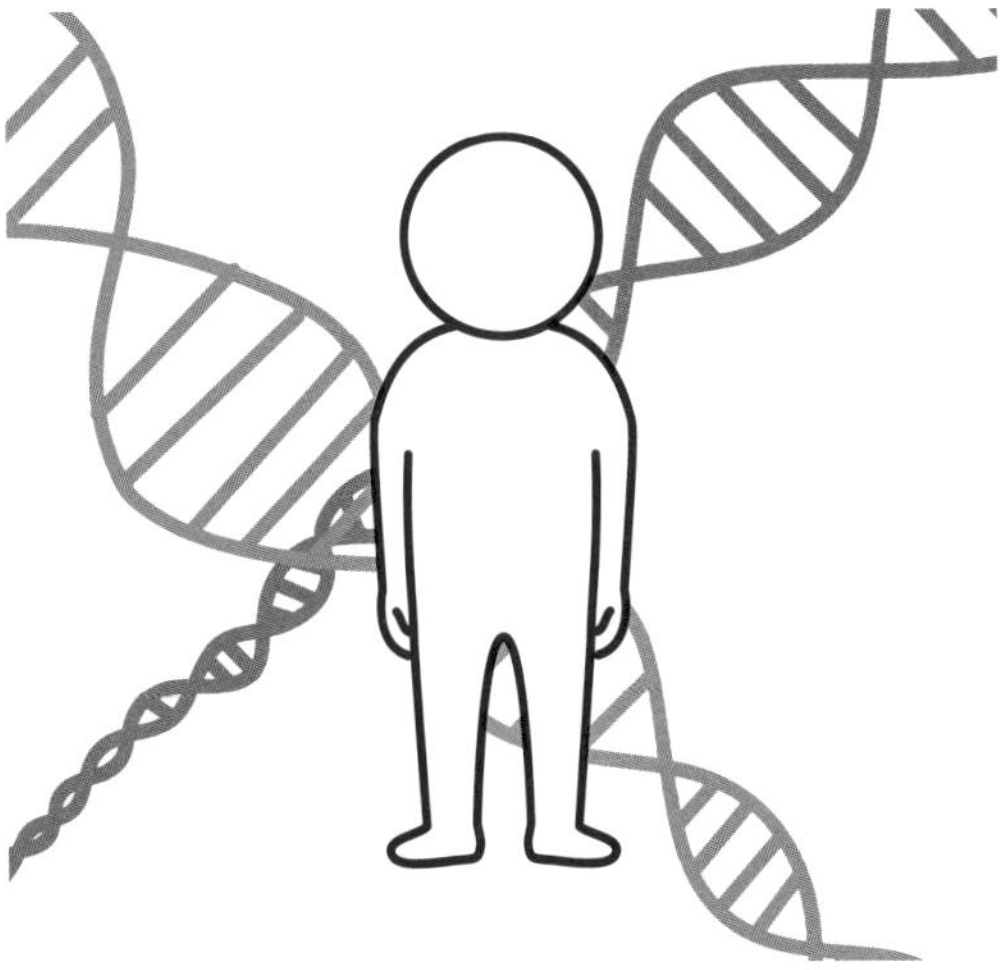

さて、今回から手順3の「一文チェック」だね。さっきも説明したけれど、「一文チェック」というのは**「傍《ぼう》線《せん》をふくむ一文からヒントを得《え》ること」**だ。「**設《せつ》問《もん》・条《じょう》件《けん》チェック**」「**傍《ぼう》線《せん》チェック**」と同じように、**問題を解《と》くうえでとても大切なこと**だよ。

では、さっそく解《かい》説《せつ》に入ろう。まずは手順1だ。

手順1 ▼▼▼ 設《せつ》問《もん》・条《じょう》件《けん》チェック

問 ――線「『遺伝学』と言われる科学分野です」とありますが、遺伝学とはどのような科学分野ですか。その説明として最も適当なものを、次の**ア**〜**エ**の中から一つ選び、記号で答えなさい。

今回の設《せつ》問《もん》は**「どのような」**とあるので、**「傍《ぼう》線《せん》の中身を説明すること」**がゴールになるね。
次に「**傍《ぼう》線《せん》チェック**」に進むけれど、今回は「『遺《い》伝《でん》学』と言われる科学分野です」という内《ない》容《よう》しかないので、さすがに**傍《ぼう》線《せん》だけで設《せつ》問《もん》を処《しょ》理《り》するのは難《むずか》しそう**。そこで、手順3である「**一文チェック**」のステップに入ろう。傍《ぼう》線《せん》をふくむ一文をぬき出すと次のようになっている。

手順3 ▼▼▼ 一文チェック

このように、互いに強い関係にある「遺伝」と「多様性」を統一的に研究する分野が「遺伝学」と言われる科学分野です。
(何が)　(何だ)

「遺伝《いでん》学」がどのようなものか、バッチリ書いてあるね。

そう、**「『遺伝《いでん》』と『多様性《たようせい》』を統一《とういつ》的に研究する分野＝『遺伝《いでん》学』と言われる科学分野」**ということになる。

では、それをふまえて選択肢《せんたくし》をチェックしてみよう。

ア　遺伝学は○「遺伝」と「多様性」を合わせて取りあつかう科学分野である。

イ　遺伝学は×「遺伝」と「多様性」を明確に区別して定義する科学分野である。

ウ　遺伝学は×「生物学」や「医学」など、生命につながる科学分野である。

エ　遺伝学は×生存力の強い種を生み出すことを目的とする科学分野である。

正解《せいかい》は**ア**だね。「遺伝《いでん》」と「多様性《たようせい》」という言葉も「**一文チェック**」で手に入れた内容《ないよう》と合っているし、「統一《とういつ》的」のところは「合わせて取りあつかう」と言い換《か》えられているね。これがバッチリ正解《せいかい》だ。

イは「遺伝《いでん》」と「多様性《たようせい》」という言葉はいいけれど、**「明確《めいかく》に区別」が×**だ。**「統一《とういつ》的」と反対の内容《ないよう》になってしまっているよ**。統一《とういつ》は「まとめること」だもんね（ところで先生は格闘技《かくとうぎ》全般《ぜんぱん》が好きなんだけど、格闘技《かくとうぎ》では「タイトル統一《とういつ》戦」というものがあってね。ボクシングでは、日本人の選手で「四団体統一《だんたいとういつ》王者」になったすごい選手がいるよ）。

ウとエはそもそも「遺伝《いでん》」と「多様性《たようせい》」という言葉すらおさえられていない選択肢《せんたくし》だから×。こういった**「それっぽいもの」を選ばないように**ね。

解答《かいとう》【ア】

問題10 「一文チェックをあなどるなかれ」

（獨《どっ》協《きょう》中《ちゅう》学《がっ》校《こう》・一部抜粋《ばっすい》）

こうして徐々《じょじょ》に、専門知識が必要な事柄《ことがら》については専門家に一任するようになり、やがて状況に対して自分で考えることを止めてしまいます。環境問題に関しても、専門家が処方してくれた技術や制度に従うことによって、地球生態系の許容範囲《はんい》内で暮らしていける仕組みが社会に導入されるようになる日を安静にしながら待つ、ということが賢《かしこ》い選択のように思えてきます。

（工藤尚悟『私たちのサステイナビリティ　まもり、つくり、次世代につなげる』）

問　——線とありますが、筆者の考える「世の中の大多数の人々」の考え方を述べたものとして最もふさわしいものを次の中から選び、記号で答えなさい。

ア　環境問題のような大きな問題は、一人一人の個人レベルで解決できるようなものではないことに気づくべきだ。

イ　環境問題は長い時間をかけて解決すべき問題であるが、現在の自分に直接被害《ひがい》が及《およ》ばないのならば完全に無視した方が得だ。

ウ　環境問題は人間にはどうすることもできないものであり、立ち向かう労力はむだにしかならないことがあきらかだ。

エ　環境問題に対しては一人一人がバラバラな動きをすることはかえって状況を悪化させるので、何もしない方が好ましい。

オ　環境問題は知識を持った人間でなければ問題を解決できないし、誰《だれ》かが問題を解決してくれるのを待てばよい。

解《かい》答《とう》欄《らん》

今回の設問《せつもん》も、「**傍線《ぼうせん》チェック**」だけでは解《と》けないものだったね。そんなときには「**傍線《ぼうせん》をふくむ一文**」**を理解《りかい》することが重要**だったね。あくまでも**チェックの順番は**「**傍線《ぼうせん》→一文**」だからね。**いきなり傍線《ぼうせん》の前後にいくようなことはないように！**

では、一緒《いっしょ》に考えていこう。手順1と手順2をまとめてやってみよう。

手順1 ▼▼▼ 設問《せつもん》・条件《じょうけん》チェック

問　――線とありますが、筆者の考える「世の中の大多数の人々」の考え方を述べたものとして最もふさわしいものを次の中から選び、記号で答えなさい。

手順2 ▼▼▼ 傍線《ぼうせん》チェック

賢《かしこ》い選択のように思えてきます

やはり、これだけでは解《と》けないね。そこで手順3に進もう。

手順3 一文チェック

環境問題に関しても、専門家が処方してくれた技術や制度に従うことによって、地球生態系の許容範囲《はんい》内で暮らしていける仕組みが社会に導入されるようになる日を安静にしながら待つ、ということが賢《かしこ》い選択のように思えてきます。

「**一文チェック**」をすることで、傍線《ぼうせん》にある「賢《かしこ》い選択《せんたく》」の内容《ないよう》がわかるね。そう、「**専門家《せんもんか》が処方《しょほう》してくれた技術《ぎじゅつ》や制度《せいど》に従《したが》うこと**」で「**仕組みが社会に導入《どうにゅう》されるようになる日を安静にしながら待つ**」といった内容《ないよう》だ。つまり、**専門家《せんもんか》に任《まか》せて自分では何もしない**、ということだ。では、選択肢《せんたくし》の検討《けんとう》に入ろう。

ア　環境問題のような大きな問題は、一人一人の個人レベルで解決できるようなものではないことに気づくべきだ。

イ　環境問題は長い時間をかけて解決すべき問題であるが、現在の自分に直接被害《ひがい》が及《およ》ばないのならば完全に無視した方が得だ。

ウ　環境問題は人間にはどうすることもできないものであり、立ち向かう労力はむだにしかならないことがあきらかだ。

ワンポイント

難《むずか》しい内容《ないよう》ではないけれど、念のため本文の内容《ないよう》を簡単《かんたん》にまとめておくね。

［専門家《せんもんか》の技術《ぎじゅつ》・制度《せいど》に従《したが》う ← よって 安静に待つ］
＝という
賢《かしこ》い選択《せんたく》

エ　環境問題に対しては一人一人がバラバラな動きをすることはかえって状況を悪化させるので、何もしない方が好ましい。

オ　環境問題は知識を持った人間でなければ問題を解決できないし、誰《だれ》かが問題を解決してくれるのを待てばよい。

正解《せいかい》は**オ**だね。**「知識《ちしき》を持った人間」**＝**「専門家《せんもんか》」**だし、**「誰《だれ》かが問題を解決《かいけつ》してくれるのを待てばよい」**＝**「仕組みが社会に導入《どうにゅう》されるようになる日を安静にしながら待つ」**だね。ほかの選択肢《せんたくし》は**「一文チェック」**で手に入れた情報《じょうほう》とは全く違《ちが》うものだ。

アは「個人《こじん》レベル」の部分でもう誤《あやま》りだとわかるね。**「一人」**や**「集団《しゅうだん》」**といった**「人数」のことではなく、本文は「専門家《せんもんか》」についての話**だったからね。ちなみに、**エ**も**「一人一人がバラバラ」であるかどうかは本文とは無関係**だ。

イは「長い時間」の部分で×だと気づいてほしい。**「時間」についての内容《ないよう》ではない**。また、後半の「完全に無視《むし》」も×だ。だって、**「専門家《せんもんか》が処方《しょほう》してくれた技術《ぎじゅつ》や制度《せいど》に従《したが》うこと」はしようと思っているのだから意識《いしき》はしている**よね。

ウも前半と後半が×。「人間にはどうすることもできない」ので「労力はむだ」という話だったかな？　**「専門家《せんもんか》」がやってくれることに従《したが》っていく、という内容《ないよう》だった**はずだ。

解答《かいとう》〔オ〕

解答《かいとう》のポイントが見えたら正解《せいかい》の選択肢《せんたくし》はあっという間にわかったはずだ。この感覚、とても大切だよ。意外に、**選択肢《せんたくし》の検討《けんとう》で時間は消費《しょうひ》しがち**だからね。「即断即決《そくだんそっけつ》」ならぬ「**即断即解《そくだんそくかい》**」はとても重要な視点《してん》だ。

問題11 「接続表現《せつぞくひょうげん》（指示語《しじ》）に注意せよ③」

（法政大学中学校《ほうせいだいがくちゅうがっこう》・一部抜粋《ばっすい》）

もともと、群が行動する領域を、日本語では、擬人的に「縄張り」などといっている。人間の社会での「縄張り」というと、特別なグループの排他的な支配圏争いの語感があるが、動物の場合は、その群に属する各メンバー（個）の密度を調節し、自主的に、仲間の保護領域を確保するのである。自主的とはいっても、その機能は、本能的におこなわれる。そこが、人間の「縄張り」とちがっている。

（村山貞也『人はなぜ匂いにこだわるか　知らなかった匂いの不思議』）

問　――線「人間の「縄張り」とちがっている」とありますが、どのようにちがうのですか。その説明として最も適切なものを次の中から選び、記号で答えなさい。

ア　人間の縄張りは物理的な戦いを繰り返す支配権争いの中で自然と作られるが、動物の縄張りは群の中で重要な合図を伝え合うことで互いに助け合いながら意識的に作る。

イ　人間の縄張りは場をどのグループが支配するかを他を排除する形で争うが、動物の縄張りはある場に一定の数の個体が群を作ることで自らを守る形に自然と落ち着く。

ウ　人間の縄張りは他のグループと争って、勝者が敗者のグループを飲み込みながら大きくなるが、動物の縄張りは天から与えられるものなので規模も自然と調節される。

エ　人間の縄張りは排他的に群の人数を調節するため、群と群との境界がはっきりしているが、動物は本能的に個体の数を調節するので他の群との境目があいまいである。

解答欄《かいとうらん》

さて、「**一文チェック**」がどんなものかイメージはつかんでもらえたかな？　ここからは二つのパターンを見ていこう。**まずは、「指示語《しじ》」に関するもの**だ。

そもそも、なんで傍線《ぼうせん》を「文の途中《とちゅう》」に引くのだろう？　すべて「一文」に引いてしまえばいいのに、わざわざ短くする理由って何だろう。この章の最初の話を思い出してほしい。

その理由の一つは**「短くしないと解《と》きやすくなってしまうこと」**があげられるね。つまり、**「ヒントを隠《かく》すため」に傍線《ぼうせん》を文の途中《とちゅう》にしておく**、ということだ。

ということは、**「一文チェックをすること」**＝**「ヒントを拾うこと」**でもあるんだ。問題9と10は一文にすることで内容把握《ないようはあく》ができたね。

ここから扱《あつか》う問題11と12は、「一文チェックをすることでヒントになる指示語《しじ》を拾う」パターンの問題だ。

手順1▼▼▼設問《せつもん》・条件《じょうけん》チェック

では、さっそく問題11について一緒《いっしょ》に考えてみよう。まずは手順1だ。

問　――線「人間の「縄張り」とちがっている」とありますが、どのようにちがうのですか。その説明として最も適切なものを次の中から選び、記号で答えなさい。

今回は**「ちがい」の中身について説明する設問《せつもん》**のようだ。では、手順2に進もう。

手順2▼▼▼傍線《ぼうせん》チェック

人間の「縄張り」とちがっている

「傍線《ぼうせん》チェック」だけだと、何が**「人間の『縄張《なわば》り』」と違《ちが》うのかわからない**ね。ここでは解答《かいとう》できないので手順3に進もう。

手順3▼▼▼一文チェック

そこが、人間の「縄張り」とちがっている。
(何が)　(何だ)

「そこ」という指示語《しじご》があるね。**「そこ」が「人間の縄張《なわば》りとちがう」ということは、当然「そこ」の内容《ないよう》は「人間以外」の内容《ないよう》**だよね。では、本文を振《ふ》り返りながら確認《かくにん》してみよう。

もともと、群が行動する領域を、日本語では、擬人的に「縄張り」などといっている。人間の社会での「縄張り」というと、特別なグループの排他的な支配圏争いの語感があるが、動物の場合は、その群に属する各メンバー（個）の密度を調節し、自主的に、仲間の保護領域を確保するのである。自主的とはいっても、その機能は、本能的におこなわれる。そこが、人間の「縄張り」とちがっている。

まとめると、こんな感じだね。

人間	↔	動物
＝排他《はいた》的 特別なグループ		＝本能《ほんのう》的・自主的 密度《みつど》調節

これでバッチリ対比《たいひ》が把握《はあく》できた。では、選択肢《せんたくし》を見てみよう。

ア 人間の縄張りは物理的な戦いを繰り返す支配権争いの中で自然と作られるが、動物の縄張りは群の中で重要な合図を伝え合うことで互いに助け合いながら意識的に作る。

イ 人間の縄張りは場をどのグループが支配するかを他を排除する形で争うが、動物の縄張りはある場に一定の数の個体が群を作ることで自らを守る形に自然と落ち着く。

ウ 人間の縄張りは×他のグループと争って、勝者が敗者のグループを飲み込みながら大きくなるが、動物の縄張りは天から与えられるものなので○規模も自然と調節される。

エ 人間の縄張りは排他的に群の人数を調節するため、×群と群との境界がはっきりしているが、動物は本能的に個体の数を調節するので×他の群との境目があいまいである。

アは「人間の縄張《なわば》り」について「物理的な戦いを繰《く》り返す」となっているところで×。**「物理的な戦い」ということは、実際《じっさい》になぐったりけったり、ということになってしまう**し、その内容《ないよう》は書かれていなかった。また、「動物の縄張《なわば》り」について、「群《むれ》の中で重要な合図を伝え合う」話は書かれていなかった。

ウは「他のグループと争って、勝者が敗者のグループを飲み込《こ》みながら大きくなる」のところが×。「人間の縄張《なわば》り」は**「排他《はいた》的」（＝他を受け入れないこと）**なので、別々《べつべつ》のグループとして存在《そんざい》していく意味になる。よって、**ウ**の内容《ないよう》だと反対になってしまう。

エは「人間の縄張《なわば》り」は「群《むれ》と群《むれ》との境界《きょうかい》がはっきりしている」、「動物」は「他の群《むれ》との境目《さかいめ》があいまいである」という対比《たいひ》になっているけど、こんな対比《たいひ》出てきてた？　出てきていないよね。

それっぽいものにダマされないように！

ということで解答《かいとう》は**イ**だ。**「他を排除《はいじょ》する」**＝**「排他《はいた》的」**という「人間の縄張《なわば》り」の説明も合っているし、「動物の縄張《なわば》り」についても**「自らを守る形に自然と落ち着く」**＝**「自主的に、仲間の保護領域《ほごりょういき》を確保《かくほ》する」**となっていて、本文の内容《ないよう》と違《ちが》いはないね。

解《かい》答《とう》〔イ〕

どうだったかな？　次も「指《し》示《じ》語《ご》がヒント」になる設《せつ》問《もん》だ。意《い》識《しき》しながら取り組んでみよう。

問題12 「接続《せつぞく》表現《ひょうげん》（指示語《しじ》）に注意せよ④」

（京都《きょうと》女子《じょし》中学校《ちゅうがっこう》・一部抜粋《ばっすい》）

　トレードオフが存在するとき、答えはひとつに決まらない。もしも、長所しかない選択肢《し》があるなら、僕らは迷わずそれを選択することだろう。ところが、僕らの前に存在する選択肢は、それぞれ長所と短所を持つことが多い。どちらを選んでも弱点はある。そして、環境問題に関する選択には、このようなトレードオフが存在することが多々あるのだ。たとえば、僕らが文明生活を営むのに必要なエネルギーのつくり方。再生可能エネルギーにも太陽光・風力・地熱・潮汐《せき》などいろんなタイプがあり、それぞれに一長一短がある。僕らは冷静に、客観的な判断が求められる。ときには、複数の選択肢を併《へい》存させるリスクヘッジという考え方が必要になったりする。このように、環境問題の解決はむずかしいことを理解しておくことはなにかの役に立つと思う。

（伊勢武史『２０５０年の地球を予測する』）

問　――線「環境問題の解決はむずかしい」とありますが、それはなぜですか。最も適当なものを、次の**ア**～**エ**の中から一つ選び、記号で答えなさい。

ア　好き勝手に生活したい人が多いと、我慢している人にストレスがかかるから。

イ　多くの解決策には欠点もあるため、方法をひとつに決められないから。

ウ　冷静で他者の立場に立つような判断は、誰もができるものでないから。

エ　複数の選択肢を残すことは環境問題の解決にとって望ましくないから。

手順
1
設問・条件
チェック

手順
2
傍線
チェック

手順
3
一文
チェック

手順
4
前後文
チェック

手順
5
同内容
チェック

解答欄

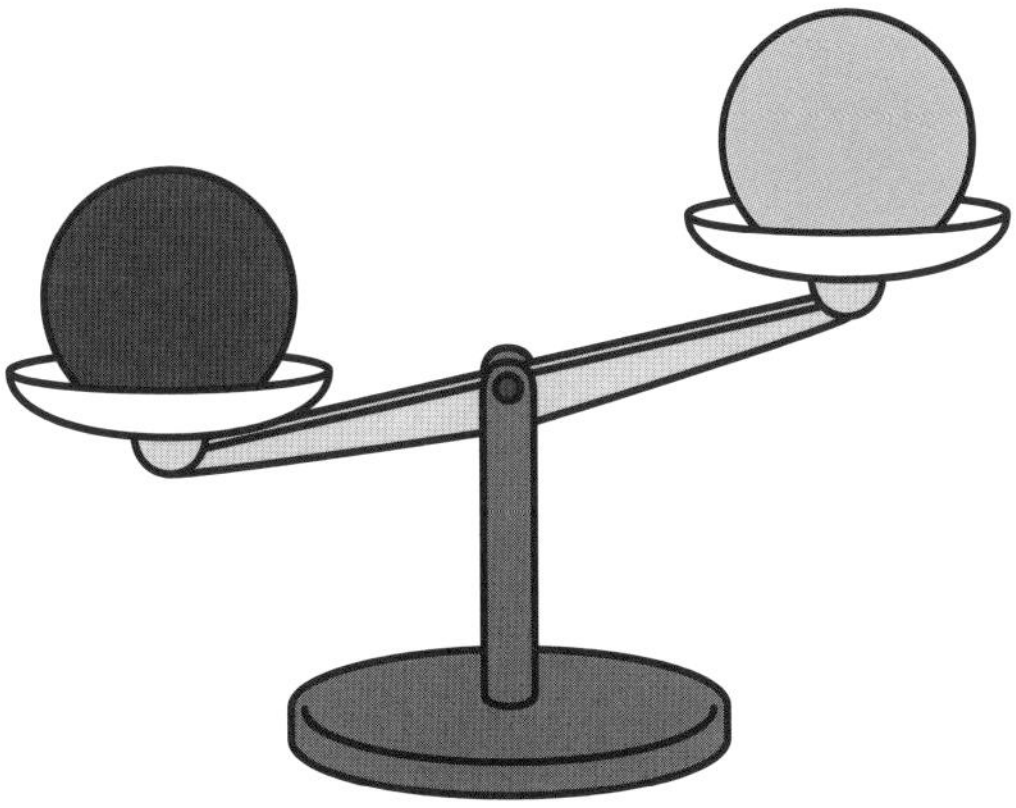

問題12も、**「一文チェック→指示語《しじ》がヒント」**になる設問《せつもん》だ。まずは手順どおりに情報《じょうほう》を集めよう。

手順1 ▼▼▼ 設《せつ》問《もん》・条《じょう》件《けん》チェック

問 ——線「環境問題の解決はむずかしい」とありますが、それはなぜですか。最も適当なものを、次の**ア**～**エ**の中から一つ選び、記号で答えなさい。

今回の設問《せつもん》は**「なぜ」とあるので、「理由」を聞いている**ものになるね。次に**手順2**に入ろう。

手順2 ▼▼▼ 傍《ぼう》線《せん》チェック

環境問題の解決は（何は）　むずかしい（何だ）

「傍《ぼう》線《せん》チェック」からは**「環境《かんきょう》問題の解決《かいけつ》は（何は）」「むずかしい（何だ）」という内容《ないよう》**になっていることがわかった。今回は理由についての設問《せつもん》なので、**「環境《かんきょう》問題の解決《かいけつ》＝どういったもの」**

郵便はがき

料金受取人払郵便

新宿局承認

3345

差出有効期間
2025年9月
30日まで

163-8791

999

（受取人）

日本郵便 新宿郵便局
郵便私書箱第330号

（株）実務教育出版

愛読者係行

フリガナ お名前		年齢　歳 性別　男・女	
ご住所	〒		
電話番号	携帯・自宅・勤務先　（　　　）		
メールアドレス			
ご職業	1. 会社員 2. 経営者 3. 公務員 4. 教員・研究者 5. コンサルタント 6. 学生 7. 主婦 8. 自由業 9. 自営業 10. その他（　　　）		
勤務先・学校名		所属（役職）または学年	
今後、この読書カードにご記載いただいたあなたのメールアドレス宛に実務教育出版からご案内をお送りしてもよろしいでしょうか			はい・いいえ

毎月抽選で５名の方に「図書カード１０００円」プレゼント！

尚、当選発表は商品の発送をもって代えさせていただきますのでご了承ください。
この読者カードは、当社出版物の企画の参考にさせていただくものであり、その目的以外には使用いたしません。

■愛読者カード

【ご購入いただいた本のタイトルをお書きください】

タイトル

ご愛読ありがとうございます。

今後の出版の参考にさせていただきたいので、ぜひご意見・ご感想をお聞かせください。

なお、ご感想を広告等、書籍の PR に使わせていただく場合がございます（個人情報は除きます）。


……………………………該当する項目を○で囲んでください……………………………

◎本書へのご感想をお聞かせください

・内容について	a. とても良い	b. 良い	c. 普通	d. 良くない
・わかりやすさについて	a. とても良い	b. 良い	c. 普通	d. 良くない
・装幀について	a. とても良い	b. 良い	c. 普通	d. 良くない
・定価について	a. 高い	b. ちょうどいい	c. 安い	
・本の重さについて	a. 重い	b. ちょうどいい	c. 軽い	
・本の大きさについて	a. 大きい	b. ちょうどいい	c. 小さい	

◎本書を購入された決め手は何ですか

a. 著者　b. タイトル　c. 値段　d. 内容　e. その他（　　　　　　　　　）

◎本書へのご感想・改善点をお聞かせください

◎本書をお知りになったきっかけをお聞かせください

a. 新聞広告　b. インターネット　c. 店頭（書店名：　　　　　　　　　）
d. 人からすすめられて　e. 著者の SNS　f. 書評　g. セミナー・研修
h. その他（　　　　　　　　　）

◎本書以外で最近お読みになった本を教えてください

◎今後、どのような本をお読みになりたいですか（著者、テーマなど）

ご協力ありがとうございました。

手順1 設問《せつもん》・条件《じょうけん》チェック
手順2 傍線チェック
手順3 一文チェック
手順4 前後文チェック
手順5 同内容チェック

だから「むずかしい」のかを考えていくことになるね。解答《かいとう》のポイントは「環境《かんきょう》問題の解決《かいけつ》」についての中身だ。では、手順3に入ろう。

手順3▼▼▼一文チェック

> このように、環境問題の解決はむずかしいことを理解しておくことはなにかの役に立つと思う。

「このように」は**「それまでに書かれたものをまとめるサイン」**だ。傍線《ぼうせん》にいたるまでの内容《ないよう》がヒントになるということがわかるね。では、「環境《かんきょう》問題の解決《かいけつ》」の「むずかしさ」についての内容《ないよう》を拾いつつ、本文を振《ふ》り返ろう。

> トレードオフが存在するとき、答えはひとつに決まらない。もしも、長所しかない選択肢《し》があるなら、僕らは迷わずそれを選択することだろう。ところが、僕らの前に存在する選択肢は、それぞれ長所と短所を持つことが多い。どちらを選んでも弱点はある。そして、環境問題に関する選択には、このようなトレードオフが存在することが多々あるのだ。たとえば、僕らが文明生活を営むのに必要なエネルギーのつくり方。再生可能エネルギーにも太陽光・風力・地熱・潮汐《せき》などいろんなタイプがあり、それぞれに一長一短がある。僕らは冷静に、客観的な判断が求められる。ときには、複数の選択肢を併《へい》存させるリスクヘッジという考え方が必要に

ワンポイント

このように

（文章）＝このように　まとめ

というイメージを持っておこう。

なったりする。このように、環境問題の解決はむずかしいことを理解しておくことはなにかの役に立つと思う。

「環境《かんきょう》問題に関する選択《せんたく》（＝解決《かいけつ》策を選ぶこと）」について、**「トレードオフ（長所と短所がある）」**や**「冷静に、客観的な判断《はんだん》が求められる（興奮《こうふん》したり、主観的に選んだりしてはいけない）」こと**、**「ときには、複数《ふくすう》の選択肢《せんたくし》を併存《へいそん》させるリスクヘッジという考え方が必要（一つに選べないこともある）」**であることが書かれている。これらをふまえている選択肢《せんたくし》が正解《せいかい》だ。

ア × 好き勝手に生活したい人が多いと、× 我慢している人にストレスがかかるから。
イ ○ 多くの解決策には欠点もあるため、○ 方法をひとつに決められないから。
ウ 冷静で他者の立場に立つような × 判断は、誰もができるものでないから。
エ × 複数の選択肢を残すことは環境問題の解決にとって望ましくないから。

アは「好き勝手に生活したい人」や「我慢《がまん》している人にストレスがかかる」といった**本文に全く見られない内容《ないよう》**なので×。こういったものを選んでいるうちはダメだよ。

ウは「誰《だれ》もができるものでない」が×。「判断《はんだん》ができる人がいない」から、環境《かんきょう》問題の解決《かいけつ》が難《むずか》しいわけではないね。**トレードオフなどが理由となり、判断《はんだん》そのものが難《むずか》しいとは読み取れる内容《ないよう》であったけれど、「判断《はんだん》できる人がいないから」とは読み取れない。**

ワンポイント

トレードオフ

ここでも簡単《かんたん》にまとめておこう。

答えはひとつに決まらない
←
・それぞれの選択肢《せんたくし》に長所と短所がある
・客観的な判断《はんだん》
・複数《ふくすう》の選択肢《せんたくし》の併存《へいそん》

＝ このように環境《かんきょう》問題の解決《かいけつ》はむずかしい

エは、本文にある**「複数《ふくすう》の選択肢《せんたくし》を併存《へいそん》させるリスクヘッジという考え方」**を否定《ひてい》してしまって**いる**ので×。

よって答えはイだ。

解答《かいとう》〔イ〕

どうだったかな？**「一文チェック→指示語《しじご》がヒント」**は**頻出《ひんしゅつ》パターン**だからよく復習《ふくしゅう》しておこうね。

問題13 「接続《せつぞく》表現《ひょうげん》（接続《せつぞく》語）に注意せよ③」

（成城中学校《せいじょうちゅうがっこう》・一部抜粋《ばっすい》）

死ぬこと自体はプログラムされていて逆らえませんが、年長者が少しでも元気に長生きして、次世代、次々世代の多様性の実現を見届け、そのための社会基盤《きばん》を作る雑用を多少なりとも引き受けることは、社会全体にとってプラスとなります。ですので、長生き願望は決して利己的ではなく、当然の感情です。

（小林武彦『生物はなぜ死ぬのか』）

問 ——線「長生き願望は決して利己的ではなく、当然の感情です」とあるが、なぜ「当然の感情」といえるのか。その理由として最も適切なものを次の**ア**〜**エ**の中から選び、記号で答えなさい。

ア 長生きを願うことは進化のプログラムへの挑戦《ちょうせん》であり、自然界の中でヒトが生き残るために必要なことだから。

イ 長生きを願うことは死を怖《こわ》がるという自然な考えに基づいていて、誰もが持ち合わせている思いだから。

ウ 長生きを願うことは、複雑な社会の中で自分の多様性を伸ばすために必然的に生じる思いだから。

エ 長生きを願うことは、子孫の多様性の実現を助けて種を保存する本能から生じる思いだから。

解《かい》答《とう》欄《らん》

今回の問題からは**「一文チェック→接続語《せつぞく》がヒント」**のパターンだ。問題13と14でしっかりと身につけていこう。

さっそく問題13に入ろう。まずは手順1から。

手順1▶▶▶設問《せつもん》・条件《じょうけん》チェック

問　――線「長生き願望は決して利己的ではなく、当然の感情です」とあるが、なぜ「当然の感情」といえるのか。その理由として最も適切なものを次の**ア**～**エ**の中から選び、記号で答えなさい。

今回の問題は「理由」が聞かれていることがわかったね。では手順2に進もう。

手順2▶▶▶傍線《ぼうせん》チェック

長生き願望は決して利己的ではなく、当然の感情です

（何は）　（何だ）

「**傍線《ぼうせん》チェック**」をしたことで、「**長生き願望は**（何は）」「**当然の感情《かんじょう》です**（何だ）」という内容《ないよう》になっていることがわかったね。しっかり**傍線《ぼうせん》の意味を把握《はあく》しておこう**。ちなみに「**利己《りこ》的**」というのは「**自分勝手**」という意味だよ。では、手順3に入ろう。

手順3 ▼▼▼ 一文チェック

> ですので、長生き願望は決して利己的ではなく、当然の感情です。

「ですので」は「だから」と同じく、「理由と結果」をつなぐサインだ。ということは、**傍線《ぼうせん》の直前に「長生き願望が当然の感情《かんじょう》である」理由が書かれているはず**だ。本文を見てみよう。

> 死ぬこと自体はプログラムされていて逆らえませんが、年長者が少しでも元気に長生きして、次世代、次々世代の多様性の実現を見届け、そのための社会基盤《きばん》を作る雑用を多少なりとも引き受けることは、社会全体にとってプラスとなります。ですので、長生き願望は決して利己的ではなく、当然の感情です。

なるほど、「**社会全体にとってプラス**」のためのものなら、「**利己《りこ》的ではない**」よね。もう少し、

ワンポイント

反対語②

「利己《りこ》的」の反対語、パッと出てくるかな？ そう、「利他的」だね。これは大切な語句《ごく》だ。ほかの重要語句もいくつかまとめておこう。

- 興隆《こうりゅう》↔滅亡《めつぼう》
- 実在《じつざい》↔観念
- 主観↔客観
- 需要《じゅよう》↔供給《きょうきゅう》
- 消費《しょうひ》↔生産
- 自立↔依存《いぞん》
- 人工↔自然
- 精神《せいしん》↔物質《ぶっしつ》(肉体)
- 積極↔消極
- 絶対《ぜったい》↔相対

意味がいえないものは調べておこうね。

具体的に見てみよう。

つまり、**「長生き」をすることは、「次世代の多様性《せい》の実現《じつげん》を見届《みとど》けること」**や**「社会基盤《きばん》を作る雑用《ざつよう》を引き受けること」でもあり、それが「社会全体にとってプラスになること」**だから、「長生き願望は利己《りこ》的ではなく当然の感情《かんじょう》」ということが本文の内容《ないよう》だ。

では、選択肢《せんたくし》の検討《けんとう》に入ろう。

ア　長生きを願うことは✕進化のプログラムへの挑戦《ちょうせん》であり、自然界の中でヒトが生き残るために必要なことだから。

イ　長生きを願うことは✕死を怖《こわ》がるという自然な考えに基づいていて、誰もが持ち合わせている思いだから。

ウ　長生きを願うことは、複雑な社会の中で✕自分の多様性を伸ばすために必然的に生じる思いだから。

エ　長生きを願うことは、○子孫の多様性の実現を助けて○種を保存する本能から生じる思いだから。

アは「進化のプログラムへの挑戦《ちょうせん》」が×。**「死ぬこと自体はプログラムされていて逆《さか》らえない」**と本文にはあったね。**死に抗《あらが》うために長生きを願うわけではない**ことに注意しよう。

イは「死を怖《こわ》がるという自然な考え」は**直前の理由部分にない内容《ないよう》**だね。**それっぽいものを選ぶのはダメ！　ゼッタイ！**

ウは「自分の多様性《たようせい》」が×。**本文では「次世代、次々世代の多様性《たようせい》」とあった。**自分のためだったら「利己《りこ》的」だからね。

よって答えはエ。**「子孫の多様性《たようせい》」＝「次世代、次々世代の多様性《たようせい》」、「種を保存《ほぞん》する本能《ほんのう》から生じる思い」＝「（多様性《せい》の実現《じつげん》のための）社会基盤《きばん》を作る雑用《ざつよう》を多少なりとも引き受ける」**と対応《たいおう》しているね。

解答《かいとう》〔エ〕

「**一文チェック**」、少しずつ慣《な》れてきたかな？ もう1問、いってみよう！

問題14 「接続《せつぞく》表現《ひょうげん》（接続語《せつぞくご》）に注意せよ④」

（近畿大学附属中学校《きんきだいがくふぞくちゅうがっこう》・一部抜粋《ばっすい》）

科学技術には良い面もあれば悪い面もあります。最初は良い面に注目が集まりますが、ある域を超《こ》えると今度はネガティブな面が強調されていきます。ダイナマイトを考えてもそうでしょう。最初は人間の力が及《およ》ばない物を壊《こわ》すために非常に役立ったのに、それがやがて社会を破壊《はかい》する戦争の道具に使われるようになりました。言葉も同じです。

言葉は、人間が手にした技術の中で最初にして最大のものといってよいと思います。人間の認知《にんち》能力は、言葉の発明によって一度つくり変えられました。これが、「認知革命」と呼ばれるものです。かつて言葉は人々の間のトラブルを調整するための交渉《こうしょう》にも使われていたはずだし、集団間の暴力を鎮《しず》めるためにも使われていたでしょう。だから人間は集団を大きくすることができました。国家という巨大《きょだい》な組織をつくることができたのも、言葉によってバーチャルな世界をつくり、その物語を共有してみんながまとまれるようになったからです。ダイナマイトと同様、最初は言葉もよい作用をもたらしました。しかし、やがてその言葉が、暴力をつくり出すために使われるようになると、だんだん人間にとってネガティブな作用をし始めます。

（山極寿一『スマホを捨てたい子どもたち』）

問 ――線部「よい作用」として適当でないものを次から一つ選び、記号で答えなさい。

ア 人々の間のトラブルを調整する作用

イ 集団間の暴力を鎮める作用

ウ　人間の力が及ばないものを壊す作用

エ　物語を共有してみんなをまとめる作用

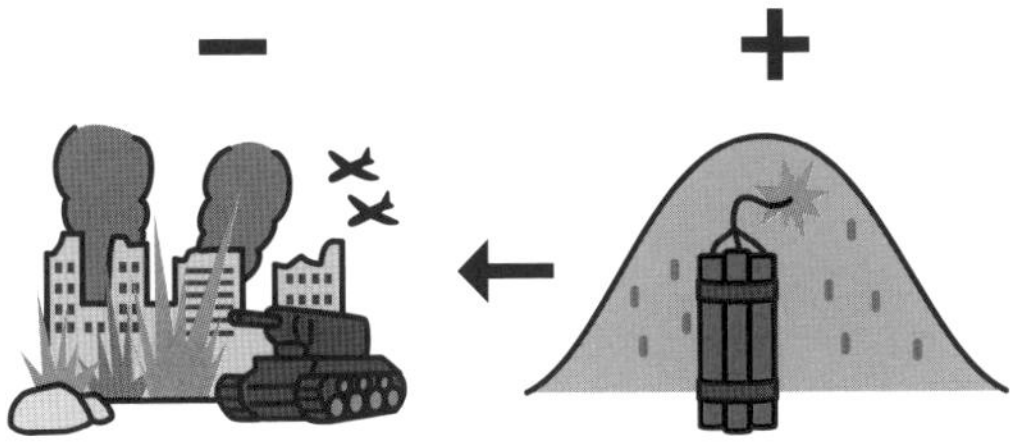

解《かい》答《とう》欄《らん》

今回も**「一文チェック→接続語《せつぞく》がヒント」**になる設問《せつもん》だ。どこが解《と》くためのとっかかりになったか、わかるかな?

では、**手順1**へと進もう。とにかく**「設問《せつもん》・条件《じょうけん》チェック」はすべてのはじまり**だからね。飽《あ》きずに毎回やっていこう。

手順1 ▼▼▼ 設問《せつもん》・条件《じょうけん》チェック

問 ――線部「よい作用」として適当でないものを次から一つ選び、記号で答えなさい。

今回は**「適当《てきとう》でないもの」つまり、「ふさわしくないもの」**が答えになる設問《せつもん》だ。大丈夫《だいじょうぶ》かな。

では、**手順2**へいこう。「**傍線《ぼうせん》チェック**」だ。

手順2 ▼▼▼ 傍線《ぼうせん》チェック

よい作用

うーん。さすがに「よい作用」だけだと「プラスの意味」くらいしか把握《はあく》できないから、解答《かいとう》ま

で導《みちび》くことはできないね。
傍線《ぼうせん》で厳《きび》しいときは一文へ！　これが合言葉だ。手順3へいこう。

手順3 ▼▼▼ 一文チェック

ダイナマイトと同様、最初は言葉もよい作用をもたらしました。

ここでヒントになったのは「同様」「も」という言葉だ。これは、**「他との共通点を示《しめ》す」サイン**だ。つまり、**「ダイナマイト（＝科学技術《ぎじゅつ》）」と「言葉」に共通点があるということだ。**その共通点の内容《ないよう》が**「最初はよい作用があった」**ということだね。OKかな？　まとめてみよう。

「よい作用」について

ダイナマイト（＝科学技術）	も	言葉
＝		＝
人間の力が及《およ》ばない物を壊《こわ》す		人々の間のトラブルを調整するための交渉《こうしょう》 集団間の暴力を鎮《しず》める 物語を共有することで国家ができた

こんな感じでまとめられるね。**「同様」「も」という言葉を適当《てきとう》に扱《あつか》うと、どっちがどっちの内容《ないよう》かわからなくなってしまう**んだよ。逆《ぎゃく》にいえば、「気をつけて内容《ないよう》を整理しよう！」と思うことができれば、本文の理解《りかい》が進むということでもあるね。今回の解答《かいとう》は**ウ**だ。これは**「言葉」ではなく、「ダイナマイト」についての「よい作用」**だからね。大丈夫《だいじょうぶ》だったかな？

解答《かいとう》〔ウ〕

問題15「入れてみてしっくりくるものを選ぶ？」

（共立女子中学校《きょうりつじょしちゅうがっこう》・一部抜粋《ばっすい》）

なぜ、こんなことになってしまったのだろうか。中洞さんは、自然の仕組みを［④］にコントロールしようとする近代酪農の根本的あり方に疑問を投げかける。山地酪農が自然の力に委ねるのを基本理念とするのに対し、近代酪農は人間と［⑤］の力で自然を管理・支配することを目指す。

（高橋博之『人と食材と東北と』）

問 ［④］・［⑤］にあてはまる語の組み合わせを次の中から一つ選び、記号で書きなさい。

ア ④人工的・⑤科学技術
イ ④運命的・⑤先進機械
ウ ④文明的・⑤日本経済
エ ④意図的・⑤国際支援《こくさいしえん》
オ ④開発的・⑤化学飼料

解答欄《かいとうらん》

さて、ここまでで**「一文チェック」**を六問扱《あつか》ってきた。がんばったね。でも、もう少し**「一文チェック」**にお付き合いを。
ここからの二問は**「空欄補充《くうらんほじゅう》」タイプの問題**をやるよ。

ところで、みんなの中には「空欄補充《くうらんほじゅう》」の問題、「入れて確《たし》かめてみてしっくりきたものを選ぶ」というやり方をしている人はいないかな？

もちろん、**語感やリズムといった日本語の感覚で解《と》けてしまう問題もある**んだけど、**「考える力」を試《ため》してくる問題もある**んだ。そういった問題だと「入れてみてしっくりくる」という理由だけでは解《と》けないものもあるから、**「一文チェック」**を基本《きほん》とした**アプローチ**を実践《じっせん》していこう。

では、問題15だ。まずは手順1。

手順1 ▼▼▼ 設問《せつもん》・条件《じょうけん》チェック

問 ④・⑤にあてはまる語の組み合わせを次の中から一つ選び、記号で書きなさい。

空欄補充《くうらんほじゅう》の問題は傍線《ぼうせん》がないから、手順3の「一文チェック」に進もう。④をふくむ一文、⑤をふくむ一文の二つを見てみよう。

手順3 一文チェック

- 中洞さんは、自然の仕組みを④にコントロールしようとする近代酪農の根本的あり方に疑問を投げかける。
- 山地酪農が自然の力に委ねるのを基本理念とするのに対し、近代酪農は人間と⑤の力で自然を管理・支配することを目指す。

「一文チェック」をしながら内容《ないよう》を整理することが重要だ。すると、実は④も⑤も「近代酪農《らくのう》」についての内容《ないよう》だとわかるね。

そして、⑤をふくむ一文には**「対し」という対比《たいひ》を表すサイン**があることがわかる。つまり、「近代酪農《らくのう》」と「山地酪農《らくのう》」が比《くら》べられているね。まとめるとこんな感じだ。

山地酪農《らくのう》	↔	**近代酪農《らくのう》**
＝		＝
自然の力に委ねる		**自然の仕組みを④にコントロールしようとする人間と⑤の力で自然を管理・支配することを目指す**

さて、これで「**一文チェック**」でわかったことは整理できた。**「山地酪農《らくのう》＝自然」**、**「近代酪農《らくのう》＝自然をコントロール（支配《しはい》）＝**［④］・［⑤］」ということだね。

では、この意味合いとしてふさわしいものはどれだろうか。そう、解答《かいとう》は**ア**だ。**「人工的」・「科学技術《ぎじゅつ》」＝「人の手が加わる」・「自然を自然のままにしない」**ということだから本文の内容《ないよう》に合致《がっち》するね。

イは「④運命的」が×だね。だって、自然をコントロールするのだから、ある意味**「運命に逆《さか》らおうとしている」**わけだしね。

ウとエは「⑤日本経済《けいざい》」と「⑤国際支援《こくさいしえん》」が誤《あやま》り。**本文のどこからもその内容《ないよう》は読み取れない。「日本や世界が自然の支配《しはい》を後押《あとお》ししている内容《ないよう》」は出ていない**ぞ。

オは「④開発的」も「⑤化学飼料《しりょう》」も×だ。**全く無関係な言葉**だ。「⑤化学飼料《しりょう》（＝えさ）」で自然を支配《しはい》するってどんな世界なんだろうね。

解答《かいとう》［ア］

どうだったかな？ ちゃんと「**一文チェック**」で内容《ないよう》を整理すれば解《と》きやすかったでしょ。

問題16

「一文の意味を理解《りかい》せよ」

（成城中学校《せいじょうちゅうがっこう》・一部抜粋《ばっすい》）

進化の過程をさかのぼると、ゴリラの笑い声は、他者との「同調」というコミュニケーションの、ひとつの［A］になっているにちがいない。ぼくはそう考えるようになりました。（中略）

彼らが遊んでいる最中に出す「グコグコグコ」という笑い声は、「自分は今楽しいんだよ」ということを相手に伝える手段です。笑いがあることで、相手も「自分がやっていることは相手を傷つけたり、嫌《いや》な気分にさせたりしていないんだ。遊びを続けてもいいんだな」とわかります。笑い声には、そういうメッセージの役目もあるのです。

「遊び」というのは不思議なもので、遊ぶこと自体が［B］です。たとえば、みなさんが朝、通学路を歩くのは学校に通うためですよね。お母さんたちがお店へ行くのも、買い物をするためでしょう。ふつう、行動にはなんらかの［B］があるわけです。

（山極寿一『15歳の寺子屋　ゴリラは語る』）

問　［A］・［B］に当てはまる言葉を次の**ア**～**オ**の中からそれぞれ選び、記号で答えなさい。

ア　経験　**イ**　原型　**ウ**　事例　**エ**　目的　**オ**　模範《もはん》

解答欄《かいとうらん》

A	
B	

問題15のように「組み合わせ」ではないので、少し難《むずか》しく感じたかもしれないね。でも、**やることはいつも同じ**だよ。まずは手順**1**から。

手順1 ▼▼▼ 設問《せつもん》・条件《じょうけん》チェック

問 [A]・[B] に当てはまる言葉を次の**ア**～**オ**の中からそれぞれ選び、記号で答えなさい。

傍線《ぼうせん》はないので手順**3**にいこう。

手順3 ▼▼▼ 一文チェック

・進化の過程をさかのぼると、ゴリラの笑い声は、他者との「同調」というコミュニケーションの、ひとつの [A] になっているにちがいない。
・「遊び」というのは不思議なもので、遊ぶこと自体が [B] です。
・ふつう、行動にはなんらかの [B] があるわけです。（例「通学路を歩く、お店へ行く」）

「**一文チェック**」をすると、こんな感じで内容《ないよう》が見えてくるね。

A は、**「進化の過程《かてい》をさかのぼる」**（**＝過去《かこ》を振《ふ》り返っていく**）というところがポイント。つまり、次のような図になるね。

昔　ゴリラの笑い声　＝　他者との「同調」というコミュニケーションの、ひとつの A

→

今　他者との「同調」というコミュニケーション

つまり、**「ゴリラの笑い声」が今の人間が行っている「同調」のコミュニケーションのひとつのもとになっている**、ということだ。よって、A の解答《かいとう》はイの「原型《げんけい》」が正解《せい かい》。

B は、「遊ぶこと自体が B です。」とあるので、「**遊び＝** B 」であることがわかる。また、もう一文から「**行動にはなんらかの** B **がある**」という内容《ない よう》もわかる。この二つでも解答《かい とう》の見当はつくんだけど、具体例の部分も念のため見てみよう。

すると、「**通学路を歩く**のは**学校に通うため**」「**お店へ行く**のも、**買い物をするため**」とあるので、**何のために行動をしているのか**、という**行動の目的**について書かれていることがわかる。よって B にはエの「目的」がふさわしい。

解答《かいとう》【A イ　B エ】

さて、これで「**一文チェック**」は終了《しゅうりょう》。全部で八問あったね。お疲《つか》れさま！

「**一文チェック**」だけでなく、「**設問《せつもん》・条件《じょうけん》チェック**」「**傍線《ぼうせん》チェック**」の問題も復習《ふくしゅう》してみてね。**復習《ふくしゅう》が大切**だからね。

正解《せいかい》を導《みちび》くアプローチ

5つの手順

手順1 設《せつ》問《もん》・条《じょう》件《けん》チェック

手順2 傍《ぼう》線《せん》チェック

手順3 一文チェック

手順4 前後文チェック

手順5 同《どう》内《ない》容《よう》チェック

今回からは
手順4です。もう
半分折り返しました。
がんばって
いきましょう。

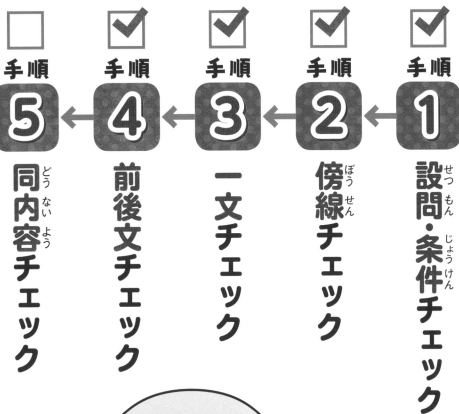

プロローグ

さて、今回からは「**前後文チェック**」だ。

「**一文チェック」までで解《と》けないときの手順**だよね。

そうだね。「傍線《ぼうせん》をふくむ一文」で考えてみても解《と》き切れない場合にすることだね。

「**前後文チェック**」ってことは、前と後ろを読んでいくってこと?

そう、こんなイメージだよ。

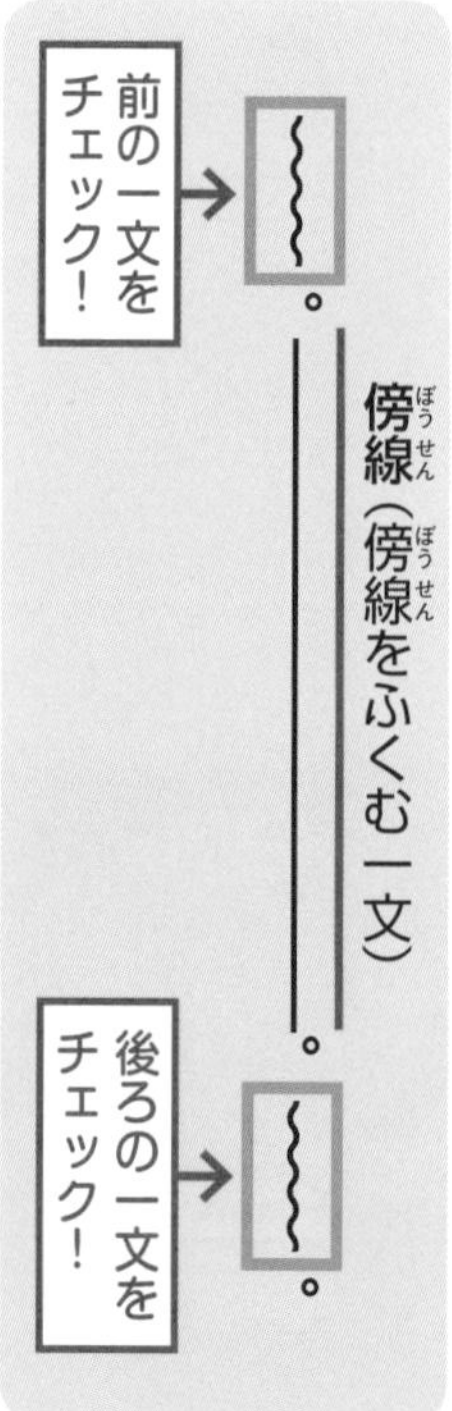

なるほど。

でも**ノリと勢《いきお》いで読んではダメだよ**。

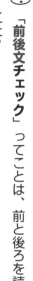

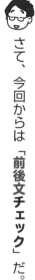

どういうこと?

「一文チェック」でわかりやすいヒントを見つけられた場合は、その誘導《ゆうどう》に従《したが》うことだね。

あー、指示語《しじ》だったり接続語《せつぞく》だったり。

あくまでも「**一文チェック**」では解《と》き切れないときの次なる手順だ。

だから「傍線《ぼうせん》」や「一文」をよく読んでヒントがないかを探《さが》すことがまずは大事なんだね。

そうそう。ちなみに、「**前後文チェック**」という名前だけど、**「前の内容《ないよう》をキャッチする場合」もあれば「後ろの内容《ないよう》をキャッチする場合」もある**よ。必ず「前後」を読まなくてはならないという義務《ぎむ》的なものではない。

なるほど。

もちろん、**「前も後ろも内容《ないよう》をキャッチしなくてはならない場合」もある**よ。

「文と文にはつながりがある」のセリフね。

そう、**とにかく大切なのは「傍線《ぼうせん》についての内容《ないよう》を拾っていく」という姿勢《しせい》**だね。そのときに「近くから遠くへ」という意識《いしき》ももってほしいね。

「近くから遠くへ」?

そう、さっき言ってくれた「文と文にはつながりがある」ということだよ。傍線《ぼうせん》に近い文のほうがつながりは「強い」わけだよ。

だから、「**一文チェック**」の後が「**前後文チェック**」なのか。

なるほどねー。

まずは問題、やってみますか!

問題17 「一文チェックの先にあるもの」

（大妻《おおつま》中野《なかの》中学校《ちゅうがっこう》・一部抜粋《ばっすい》）

けれども、ひとたび他の部族と戦《いくさ》となると、個は集団の要素になる。何のために戦うかというと、自分の属する集団を守るためだからです。その時には、あらゆる個の行動は集団のためのものとして統合される。そうでなければ戦いになりません。

（西谷修『戦争とは何だろうか』）

問 ――部「個は集団の要素になる。」とありますが、どのようなことですか。次の**ア**～**エ**の中からその説明として最も適当なものを一つ選び、記号で答えなさい。

ア 個人が、非常時には平時以上に一人ひとり区別されずに扱われるようになること。

イ 個人が、非常時には自分の所属する集団を守るためのものとして統合されること。

ウ 個人が、非常時には自分の所属する集団のために人並外れた力を出せるようになること。

エ 個人が、非常時には言葉を共同して使っている大勢とともに集団生活をいとなむこと。

解《かい》答《とう》欄《らん》

手順
1
設問・条件
チェック

手順
2
傍線
チェック

手順
3
一文
チェック

手順
4
前後文
チェック

手順
5
同内容
チェック

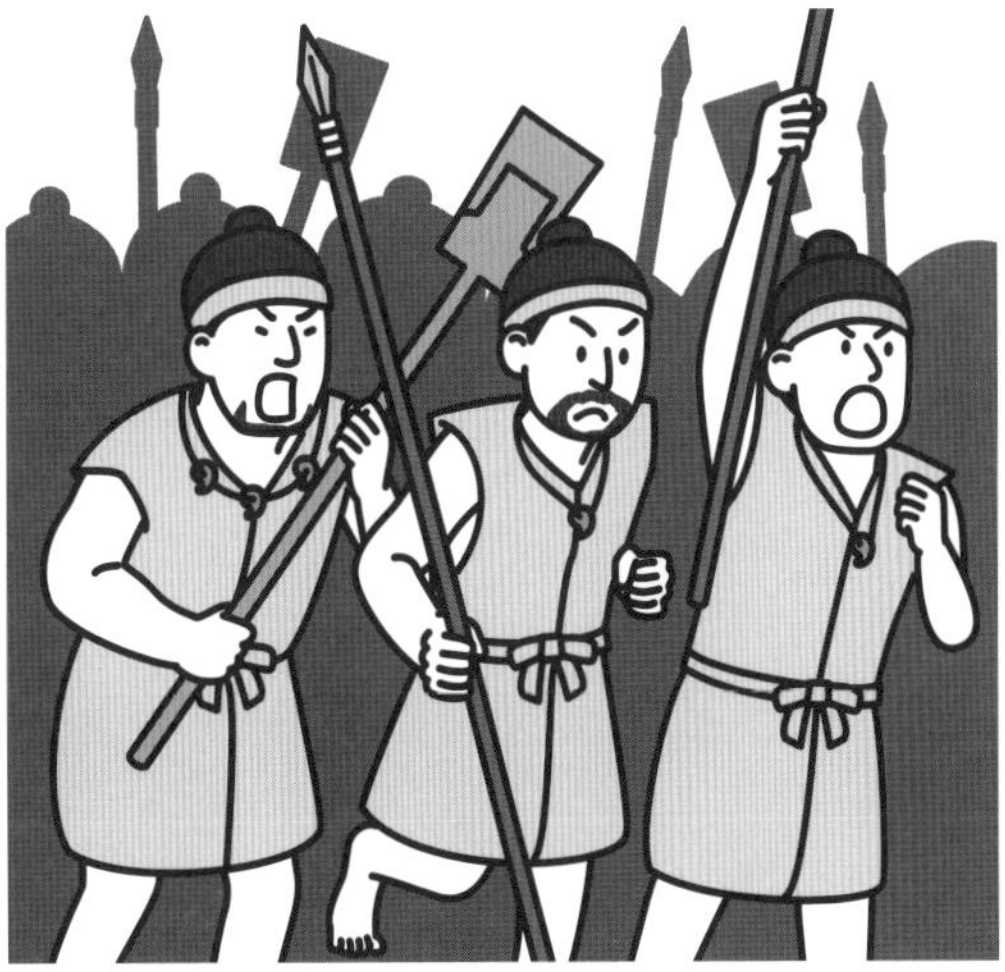

ここまでは**「設問《せつもん》・条件《じょうけん》チェック→傍線《ぼうせん》チェック→一文チェック」**と取り組んできたんだったね。**いきなり傍線《ぼうせん》の前後を読んで解《と》こうとするのではなく、まずは「傍線《ぼうせん》チェック」**からスタートして、段々《だんだん》と視野《しや》を広げるように解《と》いてきたよ。ここまでは大丈夫《だいじょうぶ》かな？

ここから扱《あつか》う**「前後文チェック」は「一文チェック」では解《と》き切れないときに行うものだ**。読んで字のごとく、**「一文チェック」の前後にある文の内容《ないよう》を意識《いしき》していく**、というものだよ。最初のページで確認《かくにん》したとおりだ。では、解説《かいせつ》に入ろう。まずはいつもどおり、手順1から。

手順1 設問《せつもん》・条件《じょうけん》チェック

問 ——部「個は集団の要素になる。」とありますが、どのようなことですか。次の**ア**〜**エ**の中からその説明として最も適当なものを一つ選び、記号で答えなさい。

今回の設問《せつもん》は「どのようなこと」とあるので、**「傍線《ぼうせん》を説明し直す」**タイプのものだ。「適当《てきとう》なもの」を「一つ」選ぶという条件《じょうけん》も忘《わす》れないようにチェックしておこう。では、次は手順2だ。

手順2 傍線《ぼうせん》チェック

個は　集団の要素になる
（何は）（何だ）

どうやら傍線《ぼうせん》の内容《ないよう》は「**個《こ》＝集団《しゅうだん》の要素《ようそ》**」だということだね。ちなみに「要素《ようそ》」というのは「あるものを成り立たせる要因《よういん》」のことだよ。ここでは「集団《しゅうだん》を成り立たせるものとして個《こ》がある」ということだ。ここまでのことはわかるけど、これ以上のことはわからないね。だから今の段階《だんかい》で選《せん》択肢《たくし》を見てもまだ解《と》けそうにないね。**解《と》けないときは先に進む。**手順3にいこう。

手順3 一文チェック

けれども、ひとたび他の部族と戦《いくさ》だとなると、個は集団の要素になる。
（理由）（結果）

「と」というのは「理由と結果をつなぐ」サインだね。「遅《ち》刻《こく》をする（理由）と・先生に怒《おこ》られる（結果）」みたいな感じだ。聞かれていることが理由であれば「**一文チェック**」で解《と》けたかもしれないけれど、今回は「傍線《ぼうせん》を説明し直すことが求められているから「**一文チェック**」**でも解《と》けないこと**がわかった。解《と》けないときはどうするんだったっけ？　そう、**先に進む**んだ。**手順4**にいこう。

手順4 ▼▼▼ 前後文チェック

> けれども、ひとたび他の部族と戦《いくさ》だとなると、個は集団の要素になる。何のために戦うかというと、自分の属する集団を守るためだからです。その時には、あらゆる個の行動は集団のためのものとして統合される。

傍《ぼう》線《せん》の直後にある一文も「～だからです」となっているので、傍《ぼう》線《せん》の理由になっているね。ここでも**傍《ぼう》線《せん》自体の説明はされていない**。

でもさらに次の一文を見てみると、次のように書いてあるぞ。そう、大切なことは「**個《こ》の行動は集《しゅう》団《だん》のためのものとして統《とう》合《ごう》される**」のところだ。なぜって？　だって、「**傍《ぼう》線《せん》チェック**」のときにやったじゃないか。今回の傍《ぼう》線《せん》は「**個《こ》＝集《しゅう》団《だん》の要《よう》素《そ》**」という内《ない》容《よう》だった。そして、「**前後文チェック**」で見つけたところは「個《こ》の行動＝集《しゅう》団《だん》のために統《とう》合《ごう》」なので、傍《ぼう》線《せん》の内《ない》容《よう》にとても近い内《ない》容《よう》になっているぞ。

そして、「**その時**」が「**自分の属《ぞく》する集《しゅう》団《だん》を守る時**」だとわかれば、**すべての選《せん》択《たく》肢《し》に入っていた**「**非《ひ》常《じょう》時《じ》**」の意味もわかるね。だって、「自分の属《ぞく》する集《しゅう》団《だん》を守る必要が生まれた時」って、何かしらよくないことが起きているときだよね。「**一文チェック**」のときに「戦《いくさ》」とあったのでそこでピンときた人もいたかもしれないね。では、ここまでの内容《ないよう》をまとめてみよう。

自分の属《ぞく》する集団《しゅうだん》を守る時に
個《こ》 ＝ 集団《しゅうだん》の要素《ようそ》になる
（言い換《か》えると）
個《こ》の行動 ＝ 集団《しゅうだん》のために統合《とうごう》される

こんな感じだね。選択肢《せんたくし》を見てみよう。

ア 個人が、非常時には×平時以上に一人ひとり区別されずに扱われるようになること。
イ 個人が、非常時には○自分の所属する集団を守るためのものとして○統合されること。
ウ 個人が、非常時には自分の所属する集団のために×人並外れた力を出せるようになること。
エ 個人が、非常時には×言葉を共同して使っている大勢とともに集団生活をいとなむこと。

答えは文句《もんく》なしに**イ**だね。
アは「一人ひとり区別されずに扱《あつか》われるようになる」となっているけれど、これは怖《こわ》い状況《じょうきょう》だね。顔や身長など人間を区別する方法や違《ちが》いを認識《にんしき》するものはいくらでもあるのに、それらがなくなり、人間が一つのカタマリのようになる、ということだね。合体でもするのかな。しかも、「平時以上に」とあるので「普段《ふだん》」もそうなっている、ということだね。こんなふうに「**常識《じょうしき》的に考えて×なものは×**」だからね。

ウは「非常時《ひじょうじ》」に「人並《ひとなみ》外れた力を出せる」が×だね。たしかに「火事場の馬鹿力《ばかぢから》」なんて言葉はあるけれど、今回の本文にはそういった内容《ないよう》は出てきていないよ。エは一般的《いっぱんてき》な集団《しゅうだん》生活のことで、今回の「非常時《ひじょうじ》」には無関係だ。

解答《かいとう》〔イ〕

ここまでは大丈夫《だいじょうぶ》かな?

「設問《せつもん》・条件《じょうけん》チェック→傍線《ぼうせん》チェック→一文チェック→前後文チェック」と見る範囲《はんい》を広げていく**感覚**をつかもうね。

ワンポイント

反対語③

今回も反対語をいくつかまとめておこう。

- 秩序《ちつじょ》↔混沌《こんとん》
- 敵対《てきたい》↔友好
- 独創《どくそう》↔模倣《もほう》
- 内容《ないよう》↔形式
- 反抗《はんこう》↔服従《ふくじゅう》
- 分裂《ぶんれつ》↔統一《とういつ》
- 楽観↔悲観
- 利己《りこ》↔利他
- 理想↔現実《げんじつ》
- 和解《わかい》↔決裂《けつれつ》

「見たことあるなぁ」で終わらないようにね!コツコツと意味を調べておこう。

問題18

「前だけでも後ろだけでもなく」

（田園《でんえん》調布《ちょうふ》学園《がくえん》中等部《ちゅうとうぶ》・一部抜粋《ばっすい》）

つまり、「正しさは人それぞれ」や「みんなちがってみんないい」といった主張は、多様性を尊重するどころか、異なる見解を、権力者の主観によって力任せに切り捨てることを正当化することにつながってしまうのです。これでは結局、「力こそが正義」という、困った世の中になってしまいます。それは、権力など持たない大多数の人々（おそらく、この本を読んでくれているみなさんの大部分）の意見が無視される社会です。

（山口裕之『「みんな違ってみんないい」のか？　相対主義と普遍主義の問題』）

問　――線部「困った世の中」とありますが、どのような世の中のことですか。六十字程度で説明しなさい。

解《かい》答《とう》欄《らん》

さて、今回は記述《きじゅつ》問題だ。どんな解答《かいとう》になったかな？ **自分なりの解答《かいとう》でいいから必ず書いてから解説《かいせつ》を読むようにしよう。** 大丈夫《だいじょうぶ》かな？

まずは、手順1から。

手順1 ▼▼▼ 設問《せつもん》・条件《じょうけん》チェック

> 問 ――線部「困った世の中」とありますが、どのような世の中のことですか。六十字程度で説明しなさい。

今回の設問《せつもん》も「**傍線《ぼうせん》を説明し直す**」ものだとわかるね。**六十字程度《ていど》**とあるので「**六十字をオーバーしても大丈夫《だいじょうぶ》**」だけど、**記述《きじゅつ》問題になれないうちは「指定された字数の八割《わり》」を目指してみよう。**

次に手順2に進むけれど、傍線《ぼうせん》は「困《こま》った世の中」しかないので、さすがにこれでは書けないね。ということで、「**一文チェック**」へ進もう。

手順3 ▼▼▼ 一文チェック

これでは結局、「力こそが正義」という、困った世の中になってしまいます。

二つ、ヒントがあることに気づいたかな？　そう、**「これ」**と**「という」というサイン**だ。まずは、「という」からいこう。これは、**「前後がイコール」になるサイン**だったね。だから、**「力こそが正義《せいぎ》」＝「困《こま》った世の中」**ということがわかる。ただ、**「　」が使われているときは特別な意味があるかもしれない**んだったよね。そこで**文頭に「これ」とあるので、「前後文チェック」へと進む**ことにしよう。

手順4 ▼▼▼ 前後文チェック

つまり、「正しさは人それぞれ」や「みんなちがってみんないい」といった主張は、多様性を尊重するどころか、異なる見解を、権力者の主観によって力任せに切り捨てることを正当化することにつながってしまうのです。これでは結局、「力こそが正義」という、困った世の中になってしまいます。

「一文チェック→前後文チェック」としたことで、「力こそが正義《せいぎ》」のここでの意味がわかったね。次のような図になるぞ。

異《こと》なる見解《けんかい》を、権力者《けんりょくしゃ》の主観によって力任《ちからまか》せに切り捨《す》てることを正当化する
＝これ
力こそが正義《せいぎ》
＝という
困《こま》った世の中

ここまでは大丈夫《だいじょうぶ》かな？　じゃあこれが解答《かいとう》になるね、とはできないんだな。

え？　なんでですか？

うん、それはね、**このままだと「字数が足りない」**んだ。たとえば、「異《こと》なる見解《けんかい》を、権力者《けんりょくしゃ》の主観によって力任《ちからまか》せに切り捨《す》てることを正当化する世の中。」とした場合、これだと三十八文字になってしまい、**条件《じょうけん》を満たさない**んだ。「力こそが正義《せいぎ》」を入れても六文字しか増《ふ》えない。

どうしようか？　**うまく解《と》けないときは無理やり解《と》こうとしないことが重要**なんだ。**まだ拾っていないパズルのピースがあるかもしれない**。くれぐれも「ひらがな」を多く使って字数をかせぐことなどしないように！

今回は、「**一文チェック→前後文チェック**」と進んだけど、まだ**「前の文」しか見ていないよね。「後ろの文」**も見てみよう。

手順4 前後文チェック

つまり、「正しさは人それぞれ」や「みんなちがってみんないい」といった主張は、多様性を尊重するどころか、異なる見解を、権力者の主観によって力任せに切り捨てることを正当化することにつながってしまうのです。これでは結局、「力こそが正義」という、困った世の中になってしまいます。それは、権力など持たない大多数の人々（おそらく、この本を読んでくれているみなさんの大部分）の意見が無視される社会です。

「後ろの文」が「それ」から始まっていることがわかる。そして、**文の終わりが「社会」**なので、**「世の中」の内容《ないよう》になっている**こともわかるぞ。ということは、**ここも解答《かいとう》に使える大切な箇《か》所《しょ》かもしれない、と頭が働く**よね。ここの内容《ないよう》もさっきの図に入れるとこんな感じだ。

異《こと》なる見解《けんかい》を、権力者《けんりょくしゃ》の主観によって力任せ《ちからまか》に切り捨《す》てることを正当化する
＝これ
力こそが正義《せいぎ》
＝という
困《こま》った世の中
＝それ
権力《けんりょく》など持たない大多数の人々《ひとびと》の意見が無視《むし》される社会

ワンポイント 類義語《るいぎご》①

反対語だけではなく、「類義語《るいぎご》」も重要なもの。今回も「世の中＝社会」に気づけた人は解《と》きやすかったでしょ。代表的なものをいくつかまとめておくね。

・会得《えとく》＝体得《たいとく》
・音信＝消息
・共存＝併存《へいそん》
・欠点＝短所
・原因《げんいん》＝理由
・現実《げんじつ》＝事実
・参加＝参画
・自然＝天然
・支配《しはい》＝統治《とうち》
・習慣《しゅうかん》＝慣習《かんしゅう》

どうだったかな？セットで覚えておこう。

さて、これで**新しい解答要素《かいとうようそ》**もキャッチできたね。まとめると次のような解答例《かいとうれい》になる。もちろん、**一言一句《いちごんいっく》同じである必要《ひつよう》はない**ぞ。

解答例《かいとうれい》

権力者《けんりょくしゃ》が自分とは異《こと》なる価値観《かちかん》の見解《けんかい》を力任《ちからまか》せに切り捨《す》てることが正当化され、権力《けんりょく》を持たない大多数の人々《ひとびと》の意見が無視《むし》される世の中。

さて、どうだったかな？　自分の解答《かいとう》と比《くら》べてみよう。そして、同時に**「解答要素《かいとうようそ》の拾い方」も再確認《さいかくにん》しておこう**。全く同じ問題は出ないけど、その代わりに**文章や問題が変わっても「同じ頭の使い方」ができる**のが国語という教科の特徴《とくちょう》だからね。

問題19　「一文チェックで解《と》けない空《くう》欄《らん》補《ほ》充《じゅう》」

（恵《けい》泉《せん》女《じょ》学《がく》園《えん》中《ちゅう》学《がっ》校《こう》・一部抜《ばっ》粋《すい》）

科学的発想の問題点はまだまだあります。

科学は［C］を大切にします。いつでもどこでも何にでもあてはまる法則、それが科学では重要なのです。

（本川達雄『生物学的文明論』）

問　［C］にあてはまる語として最も適切なものを、次の**ア**～**エ**の中から選び、記号で答えなさい。

ア　効率化

イ　絶対化

ウ　普遍《ふへん》性

エ　論理性

解《かい》答《とう》欄《らん》

手順
1
設問・条件
チェック

手順
2
傍線
チェック

手順
3
一文
チェック

手順
4
前後文
チェック

手順
5
同内容
チェック

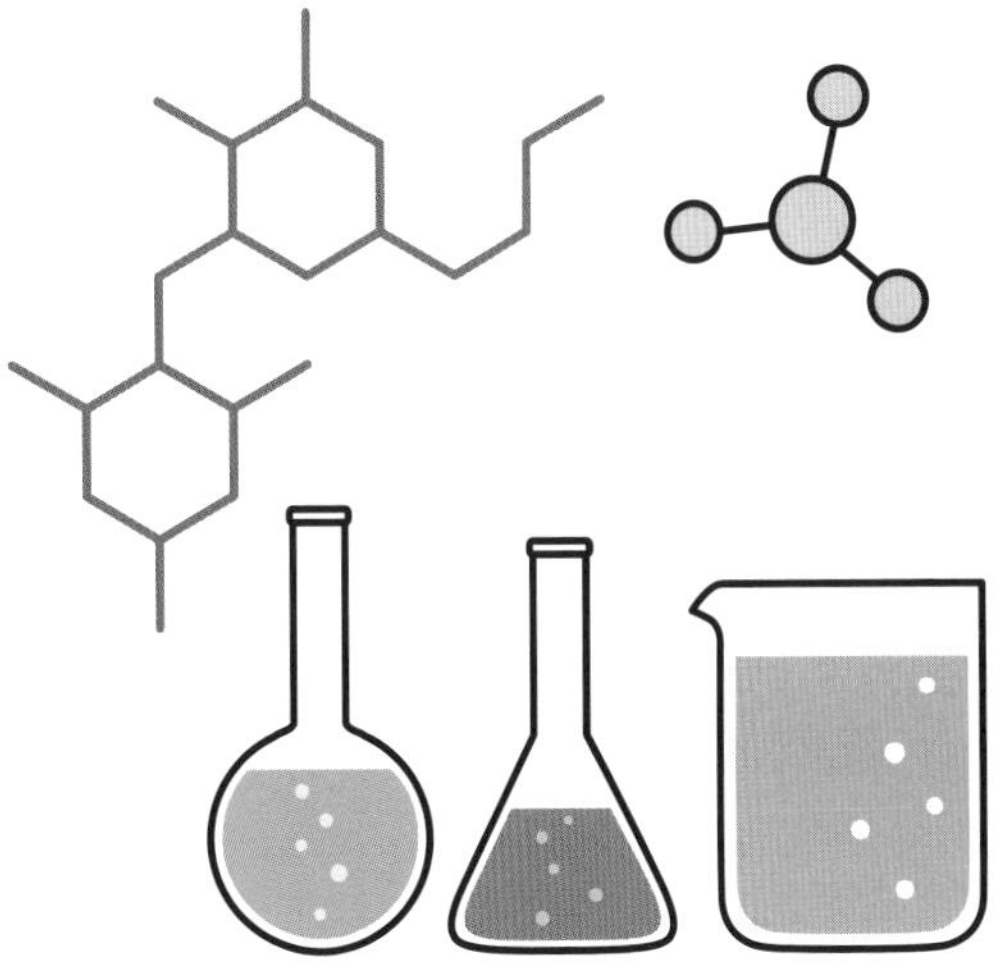

さて、「**前後文チェック**」もこれで最後だ。最後は「空欄《くうらん》補充《ほじゅう》」だ。「**一文チェック**」でも空欄《くうらん》補《ほ》充《じゅう》は扱《あつか》ったけれど、今回は「**一文チェック**では解《と》き切れない」ものだね。では、手順1からいこう。**ルーティンはいつも同じ。**これが重要だよ。飽《あ》きないようにね。

手順1 ▼▼▼ 設問《せつもん》・条件《じょうけん》チェック

問　[C]にあてはまる語として最も適切なものを、次の**ア**～**エ**の中から選び、記号で答えなさい。

空欄《くうらん》補充《ほじゅう》には傍線《ぼうせん》がないので、手順3へ進もう。

手順3 ▼▼▼ 一文チェック

科学は　[C]　を　大切にします。
（何は）（何を）（どうする）

「**一文チェック**」だけで答えを決め切るのは難《むずか》しそう。では、手順4に移《うつ》ろう。

手順4 ▼▼▼ 前後文チェック

科学的発想の問題点はまだまだあります。科学は［C］を大切にします。いつでもどこでも何にでもあてはまる法則、それが科学では重要なのです。

さて、これで空欄《くうらん》にかかわる内容《ないよう》は整理できたね。だって、「後ろの文」に科学が何を重要視《じゅうようし》しているか書いてあったもんね。そう、科学が大切にしているのは「**いつでもどこでも何にでもあてはまる法則《ほうそく》**」だ。そして、「前の文」からは筆者がそれを「問題点」だと考えていることもわかるぞ。まとめてみよう。

科学 ⇔ **筆者**

科学 ＝ ［C］を大切 ＝ ［いつでもどこでも何にでもあてはまる法則《ほうそく》］が重要

筆者 ＝ （科学が大切にしていることは筆者からすれば）問題点の一つだ。

これで C の内容《ないよう》もわかるね。**「いつでもどこでも何にでもあてはまる法則《ほうそく》」**という言葉の意味を選べばいいんだね。答えは**ウ**の「普遍性《ふへんせい》」だ。意味を知らなかった人は覚えておこうね。よく出てくる言葉だよ。残りの選択肢《せんたくし》にある「効率化《こうりつか》」「絶対化《ぜったいか》」「論理性《ろんりせい》」も、意味を知らなかったら調べておこうね。**「語彙《ごい》はコツコツ増《ふ》やすことがコツ」**だよ。一気には増《ふ》えないからね。

解答《かいとう》〔ウ〕

さて、これで「**前後文チェック**」も終了《しゅうりょう》だ。残るは**手順5**のみだ。ゴールまであと少し。がんばっていこう。

正解《せいかい》を導《みちび》くアプローチ

5つの手順

手順1 設問《せつもん》・条件《じょうけん》チェック

手順2 傍線《ぼうせん》チェック

手順3 一文チェック

手順4 前後文チェック

手順5 同内容《どうないよう》チェック

ここまでよく
がんばってきましたね。
いよいよ手順5!
ここまでの手順の
復習《ふくしゅう》を意識《いしき》して
取りくみましょう。

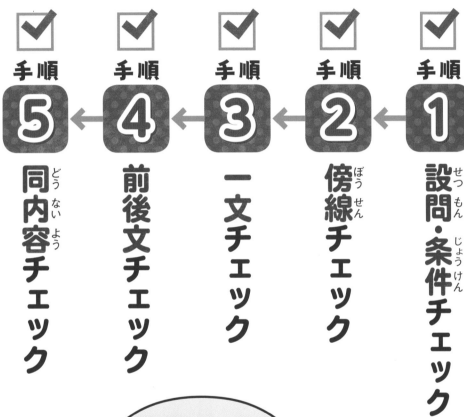

プロローグ

いよいよ最後の手順「**同内容《どうないよう》チェック**」に入るよ。

はーい。

「**同内容《どうないよう》チェック**」ってどんなのだったっけ？

ヒロくん、説明文や論説《ろんせつ》文を読んでいて何かに気づくことはないかな？

文章が難《むずか》しくてわかりにくい……？

たしかに難《むずか》しくて途中《とちゅう》で何度も読み返すことあるね。

ほうほう。そういうときは、何を手がかりに内容《ないよう》を理解《りかい》しようとしているの？

俺《おれ》は**具体例**かなー。例のところはわかりやすいんだけどなー。

私《わたし》は「このように」とかで**短くまとめてくれているところ**かなー。「まとめ」のところなら難《むずか》しくてもなんとか読み取れるんだけど……。

二人とも、よいところに気づいているね。**説明文・論説文《ろんせつぶん》は自分の考えを読者に理解《りかい》してもらうために、何度も同じ内容《ないよう》を繰《く》り返す**よね。そのための「具体例」や「まとめ」なわけだ。

うんうん。

それを**問題を解《と》くときにも利用するのが「同内容《どうないよう》チェック」の基本《きほん》的な考え方**だ。

そっか。**「同じ内容《ないよう》」が出てきたということは、そこも設問《せつもん》と関係がある**ってことか。

お！　するどいね！　ちなみに「解《と》きにくい設問《せつもん》」ほど、**傍《ぼう》線《せん》や空欄《くうらん》の近くだけでは明確《めいかく》に解《と》けないことも多い**かな。

でも、**「問題は解《と》けるように作られている」**んでしょ？　この間も授業《じゅぎょう》で言ってたよね。

そう！　ということは？

「近くにヒントがない場合」は、「同内容《どうないよう》チェック」！

同じような言葉、似《に》たような言葉をヒントにするということかー。

そうそう。二人ともつかんだね。とっても大事なアプローチだからね！　しっかりできるようになろう。

問題20 「同内容《どうないよう》、発見！」

（品川女子学院中等部《しながわじょしがくいんちゅうとうぶ》・一部抜粋《ばっすい》）

単なる自己満足ではダメで、僕らは行動のプラスとマイナスを総合して、総合的にプラスになるように動かなければならない。なので、動く前にじっくり考えなければならない。若いみなさん、あせって自然保護活動に参加するよりも、まずはじっくり腰《こし》を据《す》えて勉強してから、自分のすべき活動を考えても遅《おそ》くはない。僕自身、大学に行く前に考えてたこと、やってたことは、たいてい間違《まちが》いだったと後になって気づいた。環境問題に関しては、「行動するな、その前に学んで考えろ」というアドバイスをおくりたい。自分一人の人生なら、「あれこれ悩《なや》む前に行動しろ」というポリシー[注1]でやってきて、自分はそれを気に入っているけど、環境保全はあなたひとりの自己満足のためにやるもんじゃない。だから、行動の前に考えることが重要なんだ。だから、しっかりと基礎《きそ》知識を身に着け、批判的思考ができるようになってから環境保全活動に取り組むことをお勧《すす》めしたい。

（伊勢武史『２０５０年の地球を予測する——科学でわかる環境の未来』）

注1　「ポリシー」……行動するときの原則。方針、方策。

問　——線「動く前にじっくり考えなければならない」とありますが、筆者は「じっくり考え」るためにどのような準備が必要だと述べていますか。「こと。」に続くように本文中より20字以内でぬき出し、最初と最後の4字を答えなさい。

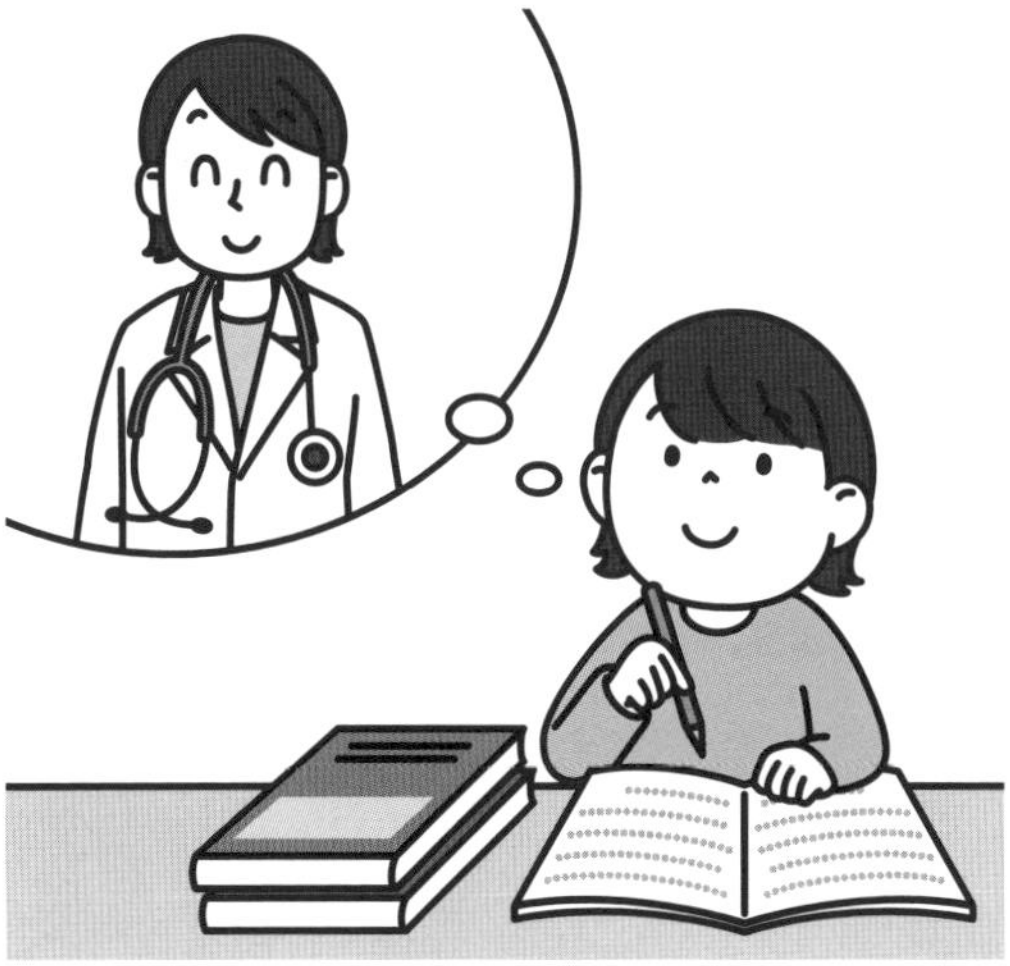

解《かい》答《とう》欄《らん》

□□□□ ～ □□□□ こと。

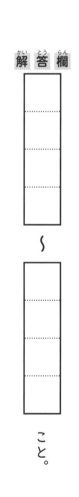

さあ、いよいよ最後の手順**「同内容《どうないよう》チェック」**だ。
最初のページで確認《かくにん》したことをもう一度復習《ふくしゅう》しておこうか。こんなイメージだね。

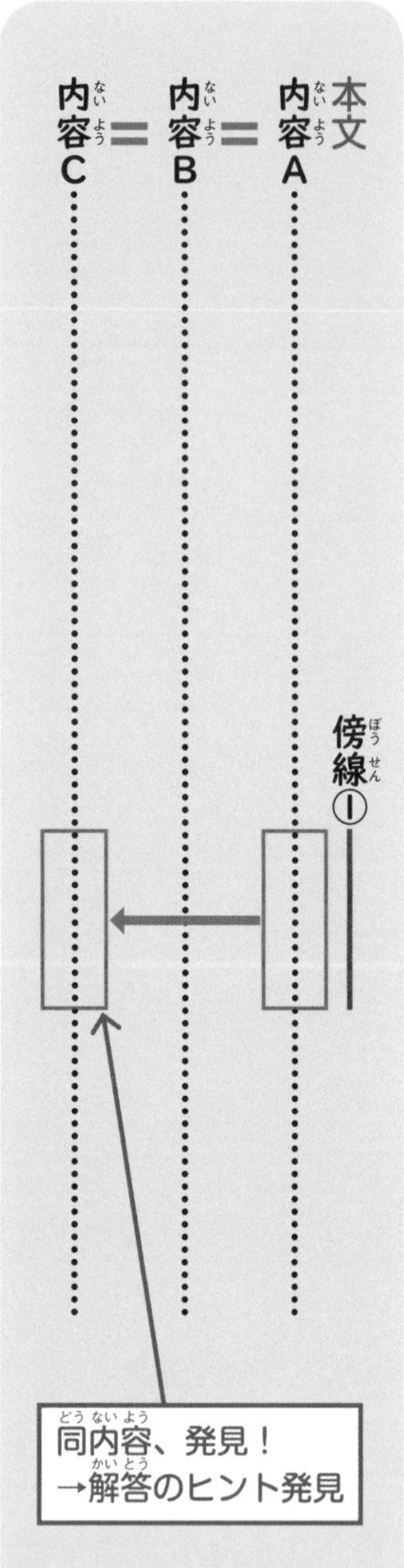

「内容《ないよう》A＝内容《ないよう》B＝内容《ないよう》C」というように、**同じ内容《ないよう》が繰《く》り返されて本文が展開《てんかい》**していたとする。そして、**傍線《ぼうせん》①が内容《ないよう》Aの箇所《かしょ》**に引かれていたとする。そのとき、**内容《ないよう》Aや近くの内容《ないよう》Bで解《と》き切れなかったとしても、内容《ないよう》Cで解《と》ける**ことがある、ということだ。イメージはつかめたかな？
まぁ、細かい話は問題を解説《かいせつ》していくなかで一緒《いっしょ》に考えていくことにしよう。まずは手順1から。

手順1 ▼▼▼ 設問《せつもん》・条件《じょうけん》チェック

問 ――線「動く前にじっくり考えなければならない」とありますが、筆者は「じっくり考え」るためにどのような準備が必要だと述べていますか。「こと。」に続くように本文中より20字

以内でぬき出し、最初と最後の4字を答えなさい。

これで聞かれていることはわかった。**筆者が必要だと考えている「準備《じゅんび》」の具体的な中身**だ。傍《ぼう》線《せん》自体の意味ではないね。それを「〜こと。」に続く形で「20字以内」でぬき出せばオーケーということだ。ちなみに「〜こと。」に続く、というのは今回でいうと、

【解答《かいとう》（ぬき出す20字以内の部分）】＋こと。

なので、**「こと。」自体は「20字以内」にはふくまれない**から注意しておこう。そして、**見つけた答えと「こと。」が自然につながるか**を確認《かくにん》することも忘《わす》れずにね。

では、手順2にいこう。でも、ここには役立つ内容《ないよう》はなさそうだ。だって、**「傍《ぼう》線《せん》自体の意味」を聞いているわけではない**からね。手順3へいこう。

手順3 ▼▼▼ 一文チェック

なので、動く前にじっくり考えなければならない。
（結果）

「なので」というのは「理由と結果」をつなぐサインだね。「だから」や「したがって」と同じような働きだ。直前の文と強くつながっているかもしれないので、手順4の「**前後文チェック**」に進もう。まずは、「前の文」を優先《ゆうせん》して見てみよう。

手順4 ▼▼▼ 前後文チェック

> 単なる自己満足ではダメで、僕らは行動のプラスとマイナスを総合して、総合的にプラスになるように動かなければならない。なので、動く前にじっくり考えなければならない。
>
> （理由）　（結果）

「なので」の前後に書かれている内容《ないよう》は、「総合的《そうごう》にプラスになるように動かなければならない→動く前にじっくり考えなければならない」という「理由と結果」だった。**残念ながら、「総合的《そうごう》にプラスになるように動く」ためにどういった準備《じゅんび》が必要かまでは書かれていない。**では、「後ろの文」へ視野《しや》を広げてみよう。

手順4 ▼▼▼ 前後文チェック

単なる自己満足ではダメで、僕らは行動のプラスとマイナスを総合して、総合的にプラスになるように動かなければならない。なので、動く前にじっくり考えなければならない。若いみなさん、あせって自然保護活動に参加するよりも、まずはじっくり腰《こし》を据《す》えて勉強してから、自分のすべき活動を考えても遅《おそ》くはない。

キターって感じだね。**筆者が「自分のすべき活動」を行動する前にやってほしいと考えている具体的な内容《ないよう》が出てきたよ。**そう、**「勉強」**だ。

では、**筆者が考える勉強が「どんな勉強」なのかを探《さが》していくことになる**のだけど、さらに後ろの文を読んでみてもなさそうだ。

さあ、手順5の出番だ。

手順5 ▼▼▼ 同内《どうない》容《よう》チェック

単なる自己満足ではダメで、僕らは行動のプラスとマイナスを総合して、総合的にプラスになるように動かなければならない。なので、動く前にじっくり考えなければならない。若いみなさん、あせって自然保護活動に参加するよりも、まずはじっくり腰《こし》を据《す》えて勉強してから、自分のすべき活動を考えても遅《おそ》くはない。僕自身、大学に行く前に考えてたこと、やってたことは、たいてい間違《まちが》いだったと後になって気づいた。環境問題に関しては、「行動するな、その

前に学んで考えろ」というアドバイスをおくりたい。自分一人の人生なら、「あれこれ悩《なや》む前に行動しろ」というポリシーでやってきて、自分はそれを気に入っているけど、環境保全はあなたひとりの自己満足のためにやるもんじゃない。だから、行動の前に考えることが重要なんだ。だから、しっかりと基礎《きそ》知識を身に着け、批判的思考ができるようになってから環境保全活動に取り組むことをお勧《すす》めしたい。

こんな感じで本文が整理できるね。まとめてみると次のように「同じ内容《ないよう》」が繰《く》り返されている。

まずはじっくり腰《こし》を据《す》えて勉強

＝

その（行動の）前に学んで考えろ

＝

行動の前に考える

＝

しっかりと基礎《きそ》知識《ちしき》を身に着け、批判《ひはん》的思考ができる

ということで、条件《じょうけん》に合った答えは「基礎《きそ》知識《ちしき》を身に着け、批判《ひはん》的思考ができる」（19文字）の部分だね。これだと「こと。」とも自然につながるから問題ない。よって「基礎《きそ》知識《ちしき》～ができる」

が解答欄《かいとうらん》に書かれていれば大丈夫《だいじょうぶ》だ。どうだったかな？

解《かい》答《とう》【基礎知識《きそちしき》～ができる】

ところで、「**手順5 同内容《どうないよう》チェック**」の本文図のところで「ことが重要」としていたところがあったでしょ。あれ、意味がわかったかな？

実はこの箇所《かしょ》、「手順1 設問《せつもん》・条件《じょうけん》チェック」とつながりがある部分だったんだ。

え？ どーゆーこと？ うん、こういうことだね。

単なる自己満足ではダメで、僕らは行動のプラスとマイナスを総合して、総合的にプラスになるように動かなければならない。なので、動く前にじっくり考えなければならない。若いみなさん、あせって自然保護活動に参加するよりも、まずはじっくり腰《こし》を据《す》えて勉強してから、自分のすべき活動を考えても遅《おそ》くはない。僕自身、大学に行く前に考えてたこと、やってたことは、たいてい間違《まちが》いだったと後になって気づいた。環境問題に関しては、「行動するな、その前に学んで考えろ」というアドバイスをおくりたい。自分一人の人生なら、「あれこれ悩《なや》む前に行動しろ」というポリシーでやってきて、自分はそれを気に入っているけど、環境保全はあなたひとりの自己満足のためにやるもんじゃない。だから、行動の前に考えることが重要なんだ。だから、しっかりと基礎《きそ》知識を身に着け、批判的思考ができるようになってから環境保全活動に取り組むことをお勧《すす》めしたい。

ワンポイント

類義語《るいぎご》②

今回は「必要」＝「重要」といった同じような言葉がヒントにもなったね。類義語《るいぎご》、大事だよ。ここでも10個《こ》まとめておこう。

・手段《しゅだん》＝方法
・人工《じんこう》＝加工
・推進《すいしん》＝促進《そくしん》
・生産《せいさん》＝産出
・調和《ちょうわ》＝均衡《きんこう》
・必然《ひつぜん》＝必至《ひっし》
・貧困《ひんこん》＝困窮《こんきゅう》
・風俗《ふうぞく》＝風習
・豊富《ほうふ》＝潤沢《じゅんたく》
・保持《ほじ》＝維持《いじ》

問 ——線「動く前にじっくり考えなければならない」とありますが、筆者は「じっくり考え」るためにどのような準備が必要だと述べていますか。「こと。」に続くように本文中より20字以内でぬき出し、最初と最後の4字を答えなさい。

今回は「傍線《ぼうせん》自体の意味」を聞いている設問《せつもん》ではなかったね。そこで**設問《せつもん》・条件《じょうけん》を頼《たよ》りに解答範囲《かいとうはんい》をしぼっていくというアプローチ**もできたんだ。つまり、**設問《せつもん》・条件《じょうけん》にあった「こと」や「必要」について「同内容《どうないよう》チェック」をする**、という方法だ。「こと」「必要」の両方を満たす内容《ないよう》を探《さが》していくと、「──ことが重要」という部分が見つかるね。この「**同内容《どうないよう》チェック**」でも「行動の前に考える」ことが解答《かいとう》のキーになることはわかるし、じゃあ何を考えるのだろう、と探《さが》していくと直後に答えがあることもわかるね。

こうした発想が解答《かいとう》を導《みちび》くこともあるのでここで紹介《しょうかい》しておきたかったんだ。長くなってしまったね。この問題はここでおしまい。

問題21 「難文《なんぶん》でも解答《かいとう》までひとっ飛び」

（共立女子中学校《きょうりつじょしちゅうがっこう》・一部抜粋《ばっすい》）

地下資源も、実は案外に多いのである。ただ外国で発達した精錬法《せいれんほう》で、経済的に取れるような鉱石が少《すくな》いので、さしあたっては、資源がないのと同じ結果になっているだけのことである。

資源としては、ものの資源と同様に、エネルギーの資源も大切である。水力電気や石炭などがなかったら、ものの資源からものを取り出すことができない。ところが、このエネルギー資源のうちの一番大切なもの、すなわち水力電気は、水資源としてはまだまだたくさん未開発のままで残されている。調査済みの未開発水力だけでも一三〇〇万キロワットあり、現在開発済みの電力の二倍以上ある。日本に降る雨と雪とを全部といわなくても半分利用すると、さらにその二倍以上もあるという調査もなされている。今わかっている一三〇〇万キロワットの電力開発をしただけでも、日本の工業は飛躍的《ひやくてき》に発達する。それで、日本の資源を開発しさえすれば、外国に迷惑《めいわく》をかけないで、自力で国家の再建は可能であるといって決してまちがいではない。ただ、その開発にはいろいろな困難があるので、それを解決するには、科学の力をかりなければならない点が非常に多い。別のことばで言えば、科学の進歩によって再建は可能なのである。（中略）

ただ、あまりにひどい貧鉱《ひんこう》になると、精錬のための費用が製品の値段よりも高くつくので、経済的に成り立たない。それを、資源がないと言っているのである。それで、新しい精錬法が発見されれば、ないと思っていた資源が、実は案外にあったことになりうる。それで、科学によって資源を産み出すことができるのである。

（中谷宇吉郎《なかやうきちろう》『科学と人生』）

問

――線「外国で発達した精錬法で、経済的に取れるような鉱石が少い」とありますが、どういうことですか。その説明としてふさわしいものを次の中から一つ選び、記号で書きなさい。

ア　精錬された鉱物は経済力のある外国に取られてしまい、国内には残らないということ

イ　外国の技術を覚えるためには費用がかかるので、日本では精錬できないということ

ウ　日本が有益になるような技術は外国にぬすまれやすく、もうかりにくいということ

エ　日本で取れる鉱物は、精錬の方法によって資源となる可能性のあるものが多いということ

オ　日本の豊かな資源を外国で使おうとすると、たくさんの輸送費用が必要だということ

解《かい》答《とう》欄《らん》

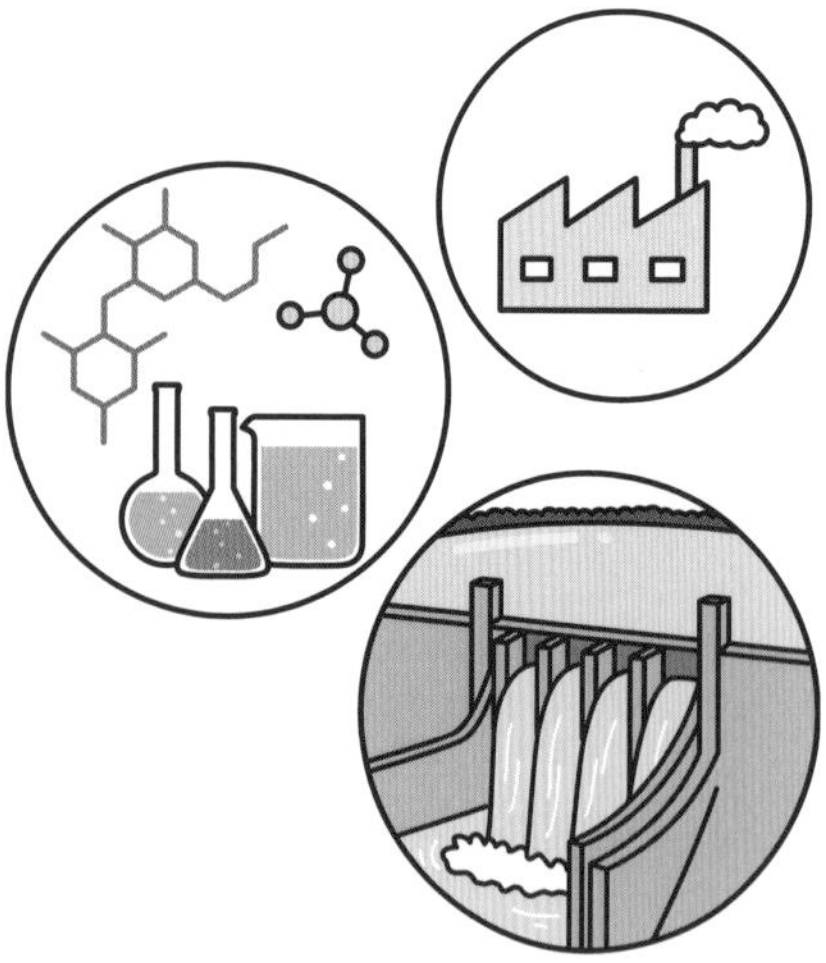

さて、今回の本文は漢字も多いし国語の成績《せいせき》に伸《の》び悩《なや》んでいる人だと、ちょっときつかったかもしれないね。こうしたときにこそ、「手順」どおりに進めてみよう。まずは**手順1**から。

手順1 ▼▼▼ 設問《せつもん》・条件《じょうけん》チェック

問 ――線「外国で発達した精錬法で、経済的に取れるような鉱石が少ない」とありますが、どういうことですか。その説明としてふさわしいものを次の中から一つ選び、記号で書きなさい。

「傍線《ぼうせん》を説明し直す」タイプの設問《せつもん》で、**「ふさわしいもの」**を選ぶんだね。では、**「傍線《ぼうせん》チェック」**にいこう。

手順2 ▼▼▼ 傍線《ぼうせん》チェック

外国で発達した精錬法《せいれんほう》で、経済的に取れるような鉱石が少《すく》ない

（方法）（何が）（どうした）

ここでわかるのは、**「外国で発達した精錬法《せいれんほう》」**では**「鉱石《こうせき》が」「少《すく》い」**ということだ。ここだけで選択肢《せんたくし》を見ても解《と》き切るのは難《むずか》しい。もう少し視野《しや》を広げてみよう。**「一文チェック」**へ進もう。

手順3 一文チェック

> ただ外国で発達した精錬法《せいれんほう》で、経済的に取れるような鉱石が少《すく》いので、さしあたっては、資源がないのと同じ結果になっているだけのことである。
>
> （理由）（結果）

なるほど、**「外国で発達した精錬法《せいれんほう》」**では**「鉱石《こうせき》が」「少《すく》い」**ので**「資源《しげん》がないのと同じ結果になっているだけのこと」**という内容《ないよう》が見えてきた。つまり、日本にとっては**「外国で発達した精錬《せいれん》法《ほう》」がよくない、ということが言いたそうだ。**そこで**手順4**の「**前後文チェック**」に進みたいけれど、「前の文」は「地下資源《しげん》が多い」ということのみ、**「後ろの文」は鉱石《こうせき》というよりも「エネルギー」の話になっている。傍線《ぼうせん》はあくまでも「鉱石《こうせき》」**についてだった。そこで、**さらに視野《しや》を広げて「同内容《どうないよう》チェック」**にいこう。

手順5 同内容《どうないよう》チェック

地下資源も、実は案外に多いのである。ただ外国で発達した精錬法《せいれんほう》で、経済的に取れるような鉱石が少《すくな》いので、さしあたっては、資源がないのと同じ結果になっているだけのことである。

資源としては、ものの資源と同様に、エネルギーの資源も大切である。ところが、水力電気や石炭などがなかったら、ものの資源からものを取り出すことができない。このエネルギー資源のうちの一番大切なもの、すなわち水力電気は、水資源としてはまだまだたくさん未開発のままで残されている。調査済みの未開発水力だけでも一三〇〇万キロワットあり、現在開発済みの電力の二倍以上ある。日本に降る雨と雪とを全部といわなくても半分利用すると、さらにその二倍以上もあるという調査もなされている。今わかっている一三〇〇万キロワットの電力開発をしただけでも、日本の工業は飛躍的《ひやくてき》に発達する。それで、日本の資源を開発しさえすれば、外国に迷惑《めいわく》をかけないで、自力で国家の再建は可能であるといって決してまちがいではない。ただ、その開発にはいろいろな困難があるので、それを解決するには、科学の力をかりなければならない点が非常に多い。別のことばで言えば、科学の進歩によって再建は可能なのである。（中略）

ただ、あまりにひどい貧鉱《ひんこう》になると、精錬のための費用が製品の値段よりも高くつくので、経済的に成り立たない。それを、資源がないと言っているのである。それで、新しい精錬法が発見されれば、ないと思っていた資源が、実は案外にあったことになりうる。それで、科学によって資源を産み出すことができるのである。

傍線《ぼうせん》にある**「鉱石《こうせき》が少《すく》ない」**と**「貧鉱《ひんこう》」**が**「同内容《どうないよう》」**だと気づくことでキターってなるでしょ。同《どう》内容《ないよう》の発見が突破口《とっぱこう》になる。まとめてみよう。

外国で発達した精錬法《せいれんほう》 ↕ **新しい精錬法《せいれんほう》**

← **取れる鉱石《こうせき》が少《すく》ない** ← **実は案外にあったことになりうる**

← **資源《しげん》がないのと同じ結果** ＝ **科学の発達で資源《しげん》を産み出す**

エネルギーの部分も結局のところ「科学技術《ぎじゅつ》の発達を目指して、エネルギー資源《しげん》の開発の困難《こんなん》を解決《かいけつ》しよう」という話なので、「鉱石《こうせき》」と同じような話だったね。こういった「似《に》た内容《ないよう》」がヒントになることもあるけれど、今回はちゃんと**「鉱石《こうせき》」の話があったのでそこを優先《ゆうせん》したんだ。だってそのほうがより傍線《ぼうせん》に近い内容《ないよう》になる**からね。**「同内容《どうないよう》チェック」への意識《いしき》があると、傍線《ぼうせん》から遠いところの内容《ないよう》まで視野《しや》が広がる**ぞ。では、選択肢《せんたくし》を検討《けんとう》しよう。

ア　精錬された○鉱物は×経済力のある外国に取られてしまい、国内には残らないということ

イ　外国の×技術を覚えるためには費用がかかるので、日本では精錬できないということ

ウ　日本が有益になるような×技術は外国にぬすまれやすく、もうかりにくいということ

エ　日本で取れる○鉱物は、精錬の方法によって資源となる可能性のあるものが多いということ

オ　日本の×豊かな資源を外国で使おうとすると、たくさんの輸送費用が必要だということ

まず、「鉱物《こうぶつ》（鉱石《こうせき》）」についての話をしているのはアとエだね。「傍線《ぼうせん》を説明し直す」んだよ。「鉱物《こうぶつ》（鉱石《こうせき》）」に触《ふ》れていないのはよくないね。

イと**ウ**は「技術《ぎじゅつ》」の話になっているので×だ。**オ**は「豊《ゆた》かな資源《しげん》」になっているところが×。だって、傍線《ぼうせん》の内容《ないよう》は**「鉱石《こうせき》が少《すくな》い」**だったもんね。「豊《ゆた》か」とは逆《ぎゃく》だ。

残りは「鉱物《こうぶつ》」という言葉の入っている**ア**と**エ**だ。解答《かいとう》は**エ**。**ア**は「経済力《けいざいりょく》のある外国に取られてしまい」の部分が×だね。本文では「外国に取られるから」少ないわけではなく、**「外国の精錬《せいれん》法《ほう》を使っているから」少ないんだった**ね。

エの「精錬《せいれん》の方法によって資源《しげん》となる可能性《かのうせい》のあるものが多い」という内容《ないよう》は、バッチリ**「同内《どうない》容《よう》チェック」**でつかんだ内容《ないよう》だった。

解答《かいとう》【エ】

どうだったかな？　よく復習《ふくしゅう》しておこうね。**難《むずか》しく思える問題こそ、ルーティンを大事に！**

問題22

「見えにくい同《どう》内《ない》容《よう》の発見」

（須《す》磨《ま》学《がく》園《えん》夙《しゅく》川《がわ》中《ちゅう》学《がっ》校《こう》・一部抜《ばっ》粋《すい》）

日本という国では、オリジナリティーを持つことが許されない。積極的に生きようと思っても、まわり中から足を引っ張られる。

それは日本の道徳観からきている。特に徳川三百年という大変長く、しかも非常に強固な注1封《ほう》建《けん》制は、たとえば、一度農民の子に生まれれば一生農民であり、商売でも豆《とう》腐《ふ》屋の子に生まれたら一生豆腐を作るより手がない。そういうように自分の運命が決められてしまって、そこから出るわけにはいかない。もし出ようとすると叩《たた》かれるし、注2秩《ちつ》序《じょ》をみだす、非道徳ということで仕置きされる。だから、自分で運命を拓《ひら》いていくことができない。町人は町人、武士は武士、しゃべることもすることも、生活の行動範《はん》囲《い》から、考える範囲まで全部決まってしまっている。

そういう風潮がつい戦前まで何らかの形で残っていた。ただ、明治時代に入り、国家の近代化とともに、立身出世とか、野心家で一旗挙げて出世しようという人が出て、その時代には憧《あこが》れ、美談になったけれども、一《いっ》般《ぱん》の気持ちとしては、それは夢物語のこと、実際にはまず自分の注3分《ぶん》限《げん》というものを考えてしまう。自分の分限を考えた方が、他人と比較する時に都合もいいし、無難に生活できた。また、日本というのは狭《せま》い国で、その中で大勢の人がぶつかり合っているから、しょっちゅう監《かん》視《し》されており、行動する場合には前後左右にぶつかってしまうのだ。そういうとき、諦《あきら》めてしまわなければ、とても息もつけないということになるわけだ。

（岡本太郎『自分の中に毒を持て　あなたは〝常識人間〟を捨てられるか』）

注1　封建制…主君から与えられた土地にともなって形成される、ピラミッド型の主従関係による社会制度。
注2　秩序…ものごとの正しい順序や筋道。
注3　分限…身のほど。分際。持っている身分。

問

「日本の道徳観」（――線部）とありますが、それはどのようなものですか。その説明として最も適当なものを、次の中から一つ選び、番号で答えなさい。

1　生まれながらに定められた身分や生活を守ることが当然であり、それに背こうとした者に対しては制裁を加えるべきであるという価値観。

2　境遇《きょうぐう》によって決められた運命に従って生きることが当たり前であり、自分で道を拓こうと試みることは無意味であるという価値観。

3　どのように生きるかは生まれた時から決まっており、身分を変えようとすることは、法を犯すことと同等の悪事であるという価値観。

4　定められた運命を生きることが、秩序を乱さず生活することであり、それを守れない者は非道徳者として自分の運命から逃れてもよいという価値観。

5　自分に与《あた》えられた運命を受け入れて生きることが道徳的であり、生活や思考まで決められていることが当たり前であるという価値観。

解《かい》答《とう》欄《らん》

さあ、最後の問題だ。でも、やることはいつもどおり！ **手順1**からいこう。

手順1 ▼▼▼ 設問《せつもん》・条件《じょうけん》チェック

> **問** 「日本の道徳観」（——線部）とありますが、それはどのようなものですか。その説明として最も適当なものを、次の中から一つ選び、番号で答えなさい。

「どのようなもの」とあるので**「傍線《ぼうせん》を説明し直す」**タイプの設問《せつもん》だ。「最も適当《てきとう》なもの」という条件《じょうけん》もおさえておこう。次は**手順2**。だけど、さすがに「日本の道徳観」しかないので、これでは選択肢《せんたくし》を選べない。そこで、視野《しや》を広げて「**一文チェック**」へいくことにしよう。

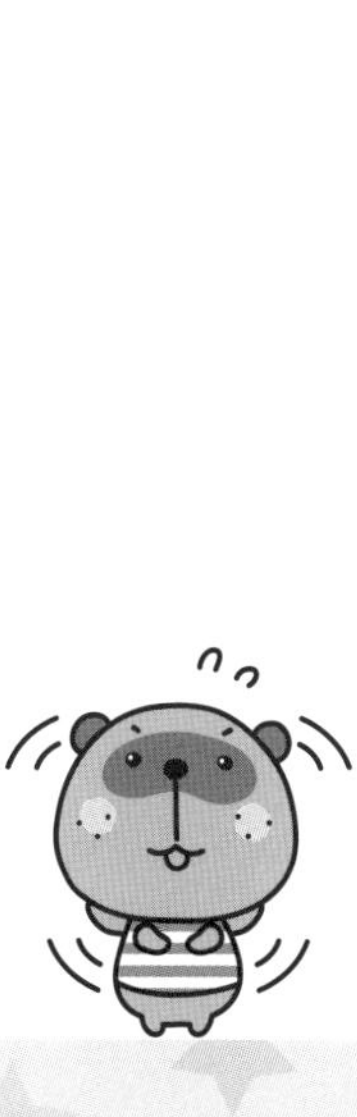

手順3 ▼▼▼ 一文チェック

> それは日本の道徳観からきている。

「**一文チェック**」をしても、一文自体が短いので多くの情報《じょうほう》はなさそう。でも、**「それ」**という

指示語《しじ》があるので、前の文と強いつながりがあるかもしれないよね。そこで、手順4に移《うつ》ることにしよう。

手順4 ▼▼▼ 前後文チェック

日本という国では、オリジナリティーを持つことが許されない。積極的に生きようと思っても、まわり中から足を引っ張られる。

それは日本の道徳観からきている。

「許《ゆる》されなかった」や「引っ張《ば》られた」という過去《かこ》の話ではなく、**今の日本の話**をしていることはわかる。ただし、**「オリジナリティーを持つことが許《ゆる》されない」**や**「まわり中から足を引っ張《ば》られる」というのは「日本の道徳観」の結果として起きている**ことなので、**「日本の道徳観」それ自体の説明ではないね。**そこで、次は「後ろの文」を見てみることにしよう。

手順4 ▼▼▼ 前後文チェック

日本という国では、オリジナリティーを持つことが許されない。積極的に生きようと思って

も、まわり中から足を引っ張られる。
それは日本の道徳観からきている。特に徳川三百年という大変長く、しかも非常に強固な封《ほう》建《けん》制は、たとえば、一度農民の子に生まれれば一生農民であり、商売でも豆腐《とうふ》屋の子に生まれたら一生豆腐を作るより手がない。そういうように自分の運命が決められてしまって、そこから出るわけにはいかない。もし出ようとすると叩《たた》かれるし、秩序《ちつじょ》をみだす、非道徳ということで仕置きされる。だから、自分で運命を拓《ひら》いていくことができない。町人は町人、武士は武士、しゃべることもすることも、生活の行動範囲《はんい》から、考える範囲まで全部決まってしまっている。

「後ろの文」では「徳川三百年」の話が出てきた。**これは昔話なので、**今の日本人が持つ「オリジナリティーを持つことが許《ゆる》されない」や「まわり中から足を引っ張《ば》られる」という特徴《とくちょう》の**原因《げんいん》となる「日本の道徳観」についての話があるかもしれない**。そうして読んでいくと、「封建制《ほうけんせい》」をはじめとした説明が出てくる。まとめてみよう。

江戸《えど》時代
＝
非常《ひじょう》に強固な封建制《ほうけんせい》
＝

・自分の運命が決められてしまって、そこから出るわけにはいかない。
・もし出ようとすると叩《たた》かれるし、秩序《ちつじょ》をみだす、非《ひ》道徳ということで仕置きされる。
・自分で運命を拓《ひら》いていくことができない。
・生活の行動範囲《はんい》から、考える範囲《はんい》まで全部決まってしまっている。

こんな内容《ないよう》だね。たしかに「それ」で見つけた内容《ないよう》の原因《げんいん》としてつながりそうだ。でも、**ここでは解答《かいとう》できない**。だって**「江戸《えど》時代」以降《いこう》の話がない**から。少なくとも今の僕《ぼく》たちは「封建制《ほうけんせい》」を生きてはいない。そこで「江戸《えど》時代」以降《いこう》の話を探《さが》すべく、もう少し読み進めていく必要があるんだ。**「江戸《えど》時代の考え方」**が**「今につながっている」**というような内容《ないよう》が本文に書かれていれば、手順4までの内容《ないよう》が生かせるね。そこで手順5へいこう。

手順5 ▼▼▼ 同《どう》内《ない》容《よう》チェック

日本という国では、オリジナリティーを持つことが許されない。積極的に生きようと思っても、まわり中から足を引っ張られる。それは日本の道徳観からきている。特に徳川三百年という大変長く、しかも非常に強固な封《ほう》建《けん》制は、たとえば、一度農民の子に生まれれば一生農民であり、商売でも豆腐《とうふ》屋の子に生まれたら一生豆腐を作るより手がない。そういうように自分の運命が決められてしまって、そこから出るわけにはいかない。もし出ようとすると叩《たた》かれるし、秩序《ちつじょ》をみだす、非道徳ということで仕置きされる。だから、自分で運命を拓《ひら》いていくことができない。町人は町人、武士は武士、しゃべることもすることも、生活の行動範囲《はんい》から、考える範囲まで全部決まってしまっている。
そういう風潮がつい戦前まで何らかの形で残っていた。ただ、明治時代に入り、国家の近代化とともに、立身出世とか、野心家で一旗挙げて出世しようという人が出て、その時代には憧《あこが》れ、美談になったけれども、一般《いっぱん》の気持ちとしては、それは夢物語のこと、実際にはまず自分の分限《ぶんげん》というものを考えてしまう。自分の分限を考えた方が、他人と比較する時に都合もいいし、無難に生活できた。また、日本というのは狭《せま》い国で、その中で大勢の人がぶつかり合っているから、しょっちゅう監視《かんし》されており、行動する場合には前後左右にぶつかってしまうのだ。そういうとき、諦《あきら》めてしまわなければ、とても息もつけないということになるわけだ。

さて、**「徳川三百年」＝「明治時代」＝「つい戦前まで」**という**同内容《どうないよう》**が見えたかな？
さっきの図に加えてみよう。こんな感じになるね。

＝ **江戸《えど》時代**

非常《ひじょう》に強固な封建制《ほうけんせい》

＝

・自分の運命が決められてしまって、そこから出るわけにはいかない。
・もし出ようとすると叩《たた》かれるし、秩序《ちつじょ》をみだす、非《ひ》道徳ということで仕置きされる。
・自分で運命を拓《ひら》いていくことができない。
・生活の行動範囲《はんい》から、考える範囲《はんい》まで全部決まってしまっている。

＝

明治時代

＝

・実際《じっさい》にはまず自分の分限《ぶんげん》というものを考えてしまう。
・自分の分限《ぶんげん》を考えた方が、他人と比較《ひかく》する時に都合もいいし、無難《ぶなん》に生活できた。

＝

つい戦前まで

・そういう風潮《ふうちょう》が何らかの形で残っていた

また

日本という狭《せま》い国の特徴《とくちょう》

・大勢《おおぜい》がぶつかり合う
・監視《かんし》
・諦《あきら》め

こんな感じだね。「徳川三百年」＝「明治時代」＝「つい戦前まで」が「似《に》たような考え」で一貫《いっかん》していることがわかる。

そして、本文の最後では**「また」という言葉を使って、「日本という狭《せま》い国」がもたらす「監《かん》視《し》」や「諦《あきら》め」について述《の》べている。**日本が狭《せま》い島国であることは今も昔も変わらないので、**これも「徳川三百年」＝「明治時代」＝「つい戦前まで」の一貫《いっかん》した考えをもたらした原因《げんいん》の一つであることを説明したい**んだね。では、選択肢《せんたくし》の検討《けんとう》に入ろう。

1 ○生まれながらに定められた身分や生活を守ることが当然であり、それに背こうとした者に対しては×制裁を加えるべきであるという価値観。

2 ○境遇《きょうぐう》によって決められた運命に従って生きることが当たり前であり、×自分で道を拓こうと試みることは無意味であるという価値観。

3 ○どのように生きるかは生まれた時から決まっており、×身分を変えようとすることは、法を犯すことと同等の悪事であるという価値観。

×4 ○定められた運命を生きることが、秩序を乱さず生活することであり、それを守れない者は非道徳者として自分の運命から逃れてもよいという価値観。

5 ○自分に与《あた》えられた運命を受け入れて生きることが道徳的であり、○生活や思考まで決められていることが当たり前であるという価値観。

1は「制裁《せいさい》を加えるべき」の部分が×。**「〜べき」＝「絶対《ぜったい》にそうしないといけない」**という強い価値観《かちかん》を持っていたことは書かれていなかった。同様に3も「身分を変えようとすることは、法を犯《おか》すことと同等の悪事である」の部分が×。**「法を犯《おか》すことと同等の悪事」とまで強く書かれている内容《ないよう》はなかった**ぞ。

2は迷《まよ》った人がいるかもしれないね。でも、「自分で道を拓《ひら》こうと試みることは無意味である」という部分が×だ。**そこに何かしらの「意味」や「価値《かち》」を感じるから、明治時代の人は「立身出世」＝「自分で道を拓《ひら》こうと試みること」に「憧《あこが》れ、美談」を感じた**んだ。本当に「無意味」だと思うなら、「憧《あこが》れ」にも「美談」にもならないぞ。それに、江戸《えど》時代の内容《ないよう》でも「出ようとすると叩《たた》かれるし、秩序《ちつじょ》をみだす、非《ひ》道徳ということで仕置きされる」とあったよね。**「出ようとする」ということは、「今の自分ではない自分」に意味や価値《かち》を見いだした**人がいるからだ。わかるかな？「無意味」だったわけではなく、**「自由に生きたい」という個人《こじん》の行動を「日本の道徳観」**がゆるさなかった、ということだね。

4は「非《ひ》道徳者として自分の運命から逃《のが》れてもよい」が×。本文には「非《ひ》道徳ということで仕置きされる」とあったが、「運命から逃《のが》れてもよい」とは**書いていなかった**。そもそも、逃《に》げてはダメだよね。

だから、正解《せいかい》は5だ。これは**本文の内容《ないよう》と矛盾《むじゅん》することのない選択肢《せんたくし》**だ。

解《かい》答《とう》〔 **5** 〕

さて、これで「**同内容《どうないよう》チェック**」もおしまい。「5つの手順」を使って二十二個《こ》の問題を扱《あつか》ったよ。ここまでお疲《つか》れさま。よくがんばったね。でも、**ここからがスタート**だ。国語はとにかく**復習《ふくしゅう》が大切**だからね。**「考え方」が身につくまで何度も繰《く》り返そう。**

「正解《せいかい》を導《みちび》くアプローチ　5つの手順」

スキルツリー

1 設問《せつもん》・条件《じょうけん》チェック

「が」のあと要注意！

Yes → ファーストステップクリア！「聞かれていること」にていねいに答えよう！

No ↓

2 傍線《ぼうせん》チェック

わかりにくいときは分けてみたり、主語・述語《じゅつご》で考えてみたり、単純化《たんじゅんか》！

Yes → 傍線《ぼうせん》をよく読む！考える！キミならできるよ！

No ↓

3 一文チェック

Yes → 隠《かく》されているヒントを見つけよう！あきらめないで！

No ↓

4 前後文チェック

接続表現《せつぞくひょうげん》（主に接続語《せつぞくご》・指示語《しじご》）に注意！

Yes → ＯＫ！　いきなり「遠く」ではなかったね！「近く」にヒントがあるよ！

No ↓

5 同内容《どうないよう》チェック

形の変わっているものもある！

Yes …… 解答《かいとう》を導《みちび》くことのできるヒントがあった

No …… 解答《かいとう》を導《みちび》くヒントはなかった

監修《かんしゅう》にあたって

中学受験専門塾《せんもんじゅく》ジーニアス
松本《まつもと》亘《ひろ》正《まさ》

「本当に国語が苦手な生徒向けの問題集」をつくるのは難《むずか》しいと思ってきました。漢字や文法、接続詞《せつぞくし》やぬき出し、簡単《かんたん》な選択《せんたく》問題などのドリルならともかく、国語の「解法《かいほう》」を学んでいく問題集だと、読みこなせないのではないかと思っているからです。

そこで、本書を監修《かんしゅう》するにあたって、「当たり前のことだと思っても、そこから掘《ほ》り下げてわかりやすく書くこと」「どの先生に習ったとしても役に立つもの」というコンセプトを重視《じゅうし》しました。

本書は、「本当に国語が苦手な生徒」のやるべきことを照らす提灯《ちょうちん》のような仕上がりになりました。問題を解《と》くときにそもそも何をしていいかわからない、何となく読んで何となく解《と》いている生徒も少なくないでしょう。でも、どの塾《じゅく》で学んでいたとしても、やるべき手順はきっと授業《じゅぎょう》の中で聞いているはずなのです。それなのに、模試《もし》を受けて戻《もど》ってきたわが子の問題用紙を見ると、国語は真っ白な状態《じょうたい》——。「どうして線を引かなかったの？」「ちゃんと読んだの？」と言いたくなることもあるでしょう。それは、体系的《たいけいてき》に説明をされていないか、たくさんの情報《じょうほう》を与《あた》えられても消化できていない状態《じょうたい》だからです。忘《わす》れてしまったこともたくさんあるでしょう。「いったい何を習ってきたの？」と言いたくなるかもしれませんが、まずはそういうものだと私《わたし》たちは受け容《い》れています。教えても教えても、テストになると使いこなせない。忘《わす》れてしまう。それでも、繰《く》り返し伝え、現状《げんじょう》にあわせて強調するポイントを選び、受験で少しでも得点《とくてん》を出せるように指導《しどう》していきます。

ただ、やみくもにたくさんの解法《かいほう》を示《しめ》して、何で覚えていないのかと嘆《なげ》くのは、悪手です。まず、やるべき手順をぐっと絞《しぼ》り込《こ》み、それだけを確実《かくじつ》に意識《いしき》して問題に向き合い、解《と》けるようにすることが大切です。

本書で示《しめ》している手順はたった五つ。中堅校《ちゅうけんこう》を中心とした問題を使いながら、平易《へいい》な言葉とイラストによって、だれにでも伝わるような仕上がりになりました。これだけを繰《く》り返すことで、最低限《げん》やらなければならないことを常《つね》に意識《いしき》して、得点力《とくてんりょく》を増《ま》すことができる、そんな本になったと考えています。

国語の「解法《かいほう》」は、先生によって、あるいは塾《じゅく》によって大きく方法論《ほうほうろん》が異《こと》なります。

生徒からすると、せっかく本で勉強しても、普段《ふだん》教えている先生の解《と》き方と違《ちが》う、と思ってしまうことがあります。「独自《どくじ》の方法論《ほうほうろん》」を書いた本だとそうなってしまいがちです。ずっと同じ先生だけに習い続けるのであれば意味があるのかもしれませんが、結局、いろんな方法《ほうほう》論《ろん》が混《ま》ざって混乱《こんらん》しやすくなってしまうのです。家庭教《きょう》師《し》や個別指導《こべつしどう》を使い、いわゆる「課金」をしたのに、「個別《こべつ》で教えてもらったのに伸《の》びない」と感じられたとすれば、似《に》たようなところに理由があるのでしょう。自信がある先生ほど、他の指導者《しどうしゃ》との比較《ひかく》を売りにして評《ひょう》価《か》を高めようとする傾向《けいこう》があります。普段《ふだん》の授業《じゅぎょう》を否定《ひてい》しながら学ぶことになってしまいがちなのです。

「解法《かいほう》」は、できるだけシンプルに、だれもが使いこなせるようなものが望ましい――。そのコンセプトを重《じゅう》視《し》しつつ、中学受験専門塾《せんもんじゅく》ジーニアスの指導《しどう》場面で使われることを再現《さいげん》するような本になるよう心がけました。その中でも、国語で苦労する基礎《きそ》のクラスの子どもたちをどう伸《の》ばしていくのかを意識《いしき》しています。

効率《こうりつ》が良く、再現性《さいげんせい》が高い方法で、得点力《とくてんりょく》を高めるための方法論《ほうほうろん》が本書では示《しめ》されています。

本書が中学受験の解法《かいほう》メソッドとして普遍《ふへん》的なものになり、すべての受験生にとって、暗い夜道を照らす提灯《ちょうちん》になることを祈《いの》っています。

おわりに

昨年上梓《じょうし》した、前作『中学受験の国語　5つの手順ですいすい解《と》ける！　得点力《とくてんりょく》アップ問題集』（実務教育出版《じつむきょういくしゅっぱん》）は、早期に重版《じゅうはん》が決まり、「藁《わら》にもすがる思いで購入《こうにゅう》した」「解《と》く方法がわかった」などの声をいただいております。少しでも力になれたのであれば著者《ちょしゃ》としてうれしい限《かぎ》りです。

ただ、最難関校《なんかんこう》や難関校《なんかんこう》の入試問題を選定して編《あ》んだ問題集でしたのでごく基本《きほん》的な事項《じこう》は省略《しょうりゃく》しています。

今作の「入門編《にゅうもんへん》」というコンセプトは、「本当に国語が苦手な子向け」です。そのコンセプトどおりのものが書けたのではないかと思っています。

私《わたし》は自ら「本を出している」と子どもたちに言うことはないのですが、「本を出してるの？」や「買ったよー」と声をかけられることがしばしばあります。なかには「中身を見たら授業《じゅぎょう》と同じこと言ってるから買うのやめた！」と冗談《じょうだん》めかして言う6年生の男の子もいました。

ときには「なんで本を書くの？」という哲学《てつがく》的な問いを投げかけられることもあります。

お金のため？　自らのキャリアのため？　親孝行《おやこうこう》のため？　などと、いろいろと理由を浮《う》かべて考えてみるのですが、特にピンとくる理由はありません。強いて言うならば「おすそ分け」なのだと思っています。――もらったものを、次の人へ――

「人生は出会いで決まる」という言葉もあるように、人間は他の誰《だれ》かと出会うことで、自らを大きく変化させていくのだと感じています。

私《わたし》には塾講師《じゅくこうし》という職業《しょくぎょう》を辞めようと思った時期があ

りました。

もともと非常勤講師《ひじょうきんこうし》として学生の時分から塾《じゅく》で働いていましたが、正社員として働くとなると勝手が違《ちが》い、授《じゅ》業《ぎょう》外のことで忙殺《ぼうさつ》されていく毎日を過《す》ごしていました。

そんな数年を過《す》ごし、自分が何のために働いているのか見えずに腐《くさ》っていたとき、私《わたし》は今の塾《じゅく》の門を叩《たた》きました。そこにはある人との出会いがあったからです。

そして私《わたし》は授業《じゅぎょう》や教材・模試《もし》作成に専心《せんしん》できる環境《かんきょう》を与《あた》えてもらいました。

同様に、「国語」という教科について思い悩《なや》んでいるときにも、大きな出会いがありました。道標となる言葉をいくつも与《あた》えてもらいました。


私《わたし》にとってそのお二人は、憧《あこが》れの兄のようでもあり、どこまでも追いつけない恩師《おんし》のようでもあります。――与《あた》えてもらった環境《かんきょう》や知識《ちしき》を生かして子どもたちの力になる――それが私《わたし》にとって「おすそ分け」であり、本を書く理由です。そして、お二人への「恩返《おんがえ》し」でもあるのだと考えています。


もちろん、人と本は同列ではありません。

しかし、この本との出合いが子どもたちの成長につながることを信じて、言葉を紡《つむ》ぎました。今作を通じて成長を実感してもらえたら、著者《ちょしゃ》としてこのうえない喜《よろこ》びです。

本書が、雨に打たれる子どもたちの傘《かさ》になりますように。背中《せなか》を押《お》す力になりますように。

2023年9月　片《かた》岡《おか》上《たか》裕《ひろ》

松本亘正（まつもと ひろまさ）

福岡県出身。2004年に中学受験専門塾ジーニアスを立ち上げ、東中野校・世田谷校・自由が丘校・千歳烏山校・芝浦港南校・日吉校・川崎校・曙橋校など首都圏に校舎を展開。オリジナルのカリキュラム、教材で受験指導を行う。『合格する歴史の授業 ㊤㊦』『【改訂版】合格する地理の授業 47都道府県編』『【改訂版】合格する地理の授業 日本の産業編』『合格する算数の授業 図形編』『合格する算数の授業 数の性質編』『合格する国語の授業 物語文入門編』『合格する国語の授業 説明文・論説文入門編』（以上、実務教育出版）など著書多数。趣味は、旅行。国内47都道府県を訪れた経験を授業に活かしている。

片岡上裕（かたおか たかひろ）

岡山県出身。中学受験専門塾ジーニアス国語科講師。他塾の校舎長、中学受験コース国語科教科責任者を経て、国語の教材研究と指導に専念するためジーニアスへ移籍。著書には、早期に重版となった『中学受験の国語5つの手順ですいすい解ける！得点力アップ問題集』やロングセラーの『読解力アップ直結問題集』『語彙力アップ直結問題集』（以上、実務教育出版）がある。塾では名前の「上」の字をとって「ジョー先生」と呼ばれている。「立て、立つんだ」という声が聞こえてきそうだが、自宅ではよく寝転がっている。好物は、酒。田村秀行先生・木村哲也先生を師と仰いでいる。

装丁／鳴田小夜子（KOGUMA OFFICE）
カバーイラスト／小幡彩貴
本文デザイン・DTP・漫画・イラスト／有限会社熊アート

中学受験の国語
やさしくわかる
5つの手順ですいすい解ける！
得点力アップ問題集　入門

2023年11月5日　初版第1刷発行

監修者　松本亘正
著　者　片岡上裕
発行者　小山隆之
発行所　株式会社 実務教育出版
〒163-8671　東京都新宿区新宿 1-1-12
電話　03-3355-1812（編集）　03-3355-1951（販売）
振替　00160-0-78270

印刷／精興社　　製本／東京美術紙工

ISBN978-4-7889-1990-7　C6081
Printed in Japan

『5つの手順ですいすい解ける！得点力アップ問題集』の特長

イメージで理解《りかい》

「5つの手順」をはじめにマンガでわかりやすく解説《かいせつ》しています。

厳選《げんせん》された入試問題

近年の入試問題から、学習効果《こうか》の高いものをピックアップ！

さて、「設問・条件」をチェックする重要性はわかったかな？
その内容をふまえて例題をやってみよう。

問題1（例題）「設問・条件をあなどることなかれ」（普連土学園中学校・一部抜粋）

ドイツの哲学者ショウペンハウエル（1788〜1860年）は著書『読書について』で、「娯楽のための読書は雑草を育てているようなもの」と書いています。

もっとも私は、雑草に水をやるような読書は無駄である、といいたいわけではありません。雑草があるからこそ、大木の価値もわかるわけだし、雑草のような本をいろいろ読むことで本を見る目も養われます。

ショウペンハウエルは「雑草は麦の養分を奪い、麦を枯らす。すなわち悪書は読者の金と時間と注意力を奪う」と手厳しいですが、雑草には雑草の価値がある。

（丹羽宇一郎『死ぬほど読書』幻冬舎新書）

問 ——線「娯楽のための読書は雑草を育てているようなもの」とありますが、ショウペンハウエルのこの言葉はどのようなことを意味すると考えられますか。最も適当なものを次のア〜オから選び、記号で答えなさい。

ア 娯楽のための読書は、それがやがては他の本の栄養になっていくものなので、意識してたくさん読むようにしなければならないということ。

イ 娯楽のための読書は、役に立つか立たないか分からない本を手当たり次第に読むことになるので、役に立つ本に集中するより効率がよくないということ。

ウ 娯楽のための読書は、本を見る目を養わせてはくれるものの、金や時間を浪費することになるので、結果的に読書の価値を下げることになるということ。

エ 娯楽のための読書は、役に立たないどころか、本来読むべき価値のある本に対する時間や注意力などを奪うことになるので、避けるべきであるということ。

オ 娯楽のための読書は、一見役に立たないようであるが、長い目で見ると必要なものであり、栄養を与えて着実に育てていくことが大切だということ。

解答欄

「手順」の明確化《めいかくか》

問題に対して、どのように考えていくかを示《しめ》しています。

解答《かいとう》のポイント

文字だけではわかりにくいポイントは図示《ずし》化していています。

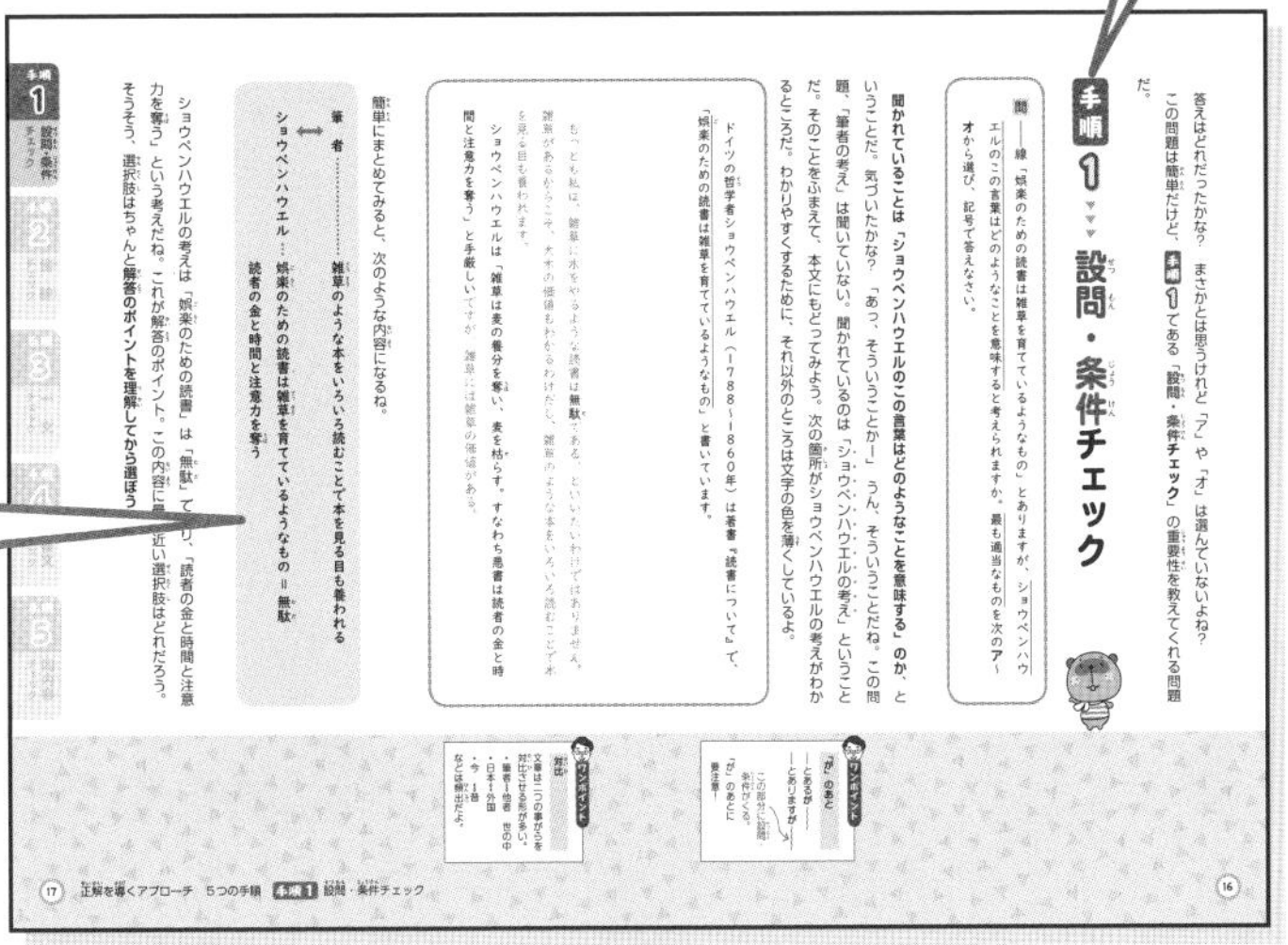

最終章は実践《じっせん》問題

各章で「手順」を学び、最後は自分でふさわしい「手順」が使えるか確認《かくにん》しましょう。

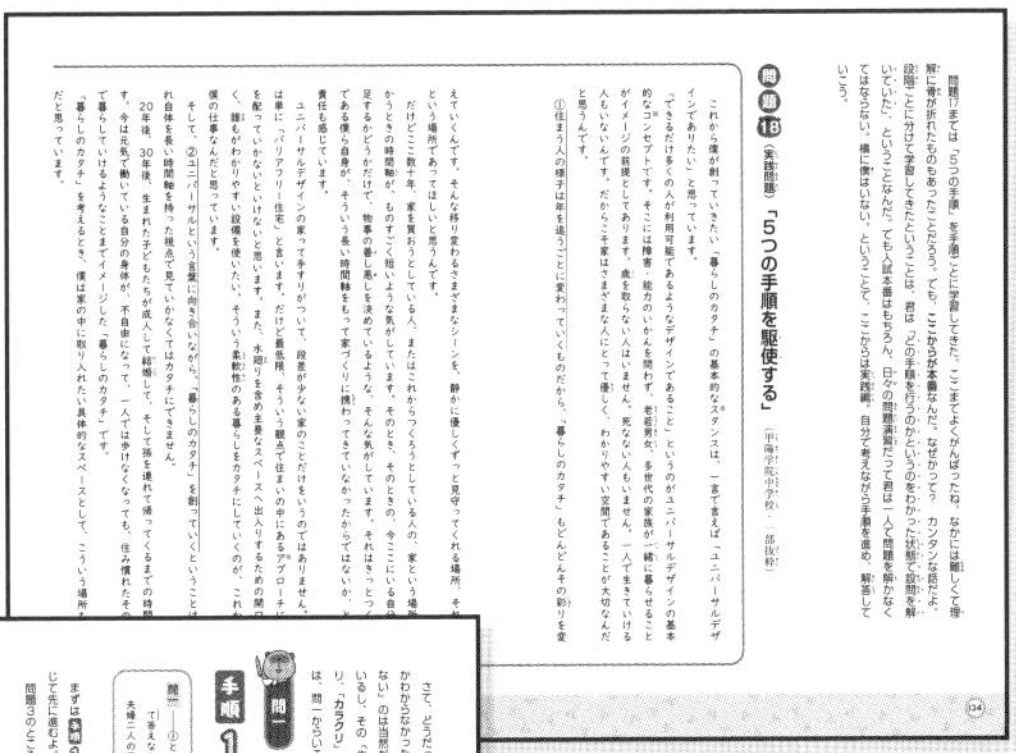

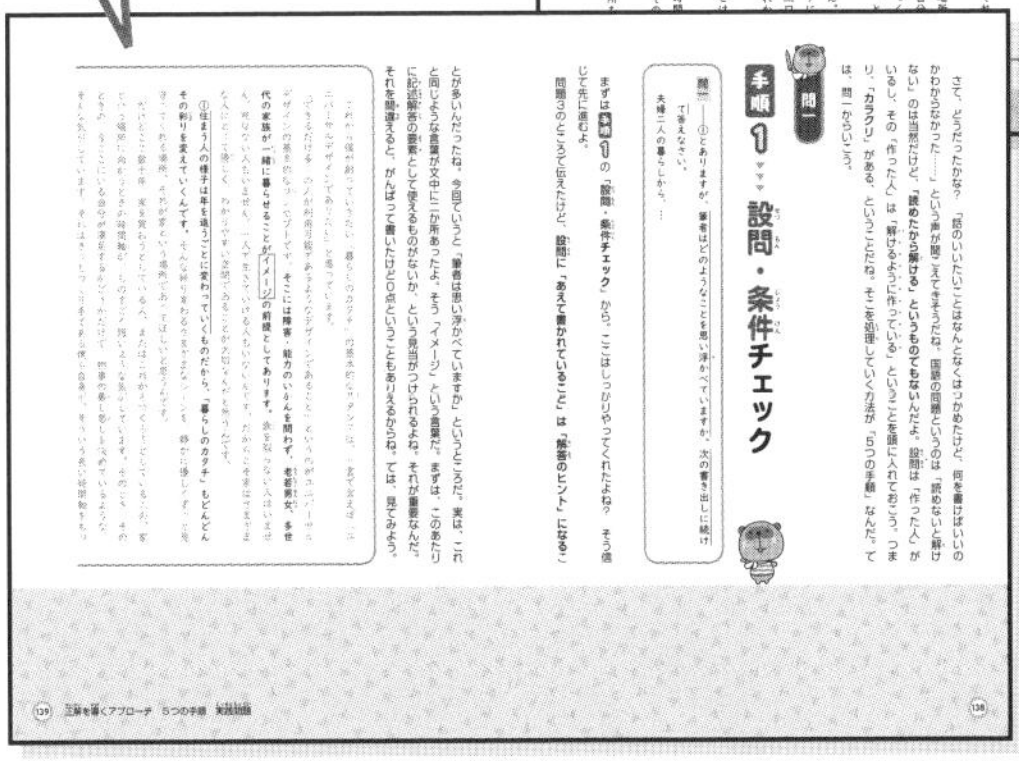

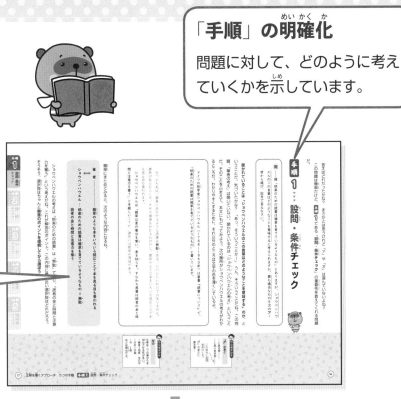

いっしょに
がんばろうね！